Was brummt da auf dem Bauernhof?

Wochenblatt für Landwirtschaft und Landleben, 48084 Münster

Erweiterte und aktualisierte Neuauflage 2022

Grafischer Aufbau: LV MediaPro im Landwirtschaftsverlag
Druck: Grafisches Centrum Cuno, Calbe

ISBN 978-3-7843-5724-9

Gisbert Strotdrees · Gabi Cavelius

Was brummt da auf dem Bauernhof?

Technik in der Landwirtschaft für Kinder leicht erklärt

Landwirtschaftsverlag

INHALT

Starker Helfer auf dem Hof

TRAKTOR

Wenn es auf dem Bauernhof etwas zu erledigen gibt, ist der Traktor fast immer dabei.

Der Traktor hilft auf dem Bauernhof bei fast jeder Arbeit. Er zieht den Pflug und die Egge. Er hebt Baumstämme und schaufelt Mist. Er hilft beim Säen und Mähen, beim Düngen und beim Walzen, beim Einfahren von Korn und beim Ernten von Kartoffeln. Auch beim Ausfahren der Gülle fährt der Traktor vorneweg.

Wenn's dabei mal „riecht", macht das dem Traktor gar nichts aus.
Der Traktor ist ein echter Alleskönner. Er dreht, schiebt, hebt und treibt fast alles: Fräse, Düngerstreuer, Strohpresse, Sämaschine, Kartoffelernter oder Kippanhänger. Kein Bauernhof kommt ohne Traktor aus. Und kein Bauer, keine Bäuerin kann sich so recht vor-

stellen, wie es war, als ihre Großeltern und Urgroßeltern und Ururgroßeltern noch ohne Traktor ackern mussten.

Der Traktor hat viele Namen

Die alten Römer kannten noch keinen Traktor. Trotzdem kommt der Name aus ihrer Sprache, aus dem Lateinischen. Denn „Traktor" bedeutet wörtlich übersetzt: der Zieher. Genau das ist ja eine der wichtigsten Arbeiten eines Traktors. Er zieht Anhänger, Pflug, Egge, Strohpresse oder andere Maschinen.

Wer hat dem Traktor seinen Namen gegeben? Genau weiß das niemand. Vielleicht waren es findige Ingenieure, die sich beim Tüfteln an der neuen Maschine an ihren Lateinunterricht erinnert haben. Die Menschen in Norddeutschland sagen nicht „ziehen", sondern „trecken". Für sie ist die Maschine deshalb ein „Trecker". In Süddeutschland hingegen heißt der Traktor oft auch „Schlepper". Manche nennen ihn auch „Bulldog". Dieser seltsame Name stammt von einem ganz bestimmten Traktor, dem „Lanz Bulldog". Mehr über ihn könnt Ihr auf Seite 60 lesen.

Die meisten Traktoren haben Allradantrieb. Das heißt: Der Motor treibt die hinteren und auch die vorderen Räder an. Dadurch kann sich der Trecker besser auf dem Acker bewegen.
Beim Pflügen muss ein Traktor mit einem anderen Tempo fahren als beim Säen, beim Eggen wiederum anders als beim Strohpressen. Deshalb benötigen Trecker viele Gänge.

Manche haben 36 Vorwärts- und 36 Rückwärtsgänge. Bei vielen Traktoren fehlen sogar die Schaltknüppel für die Gänge. Stattdessen haben sie einen Hebel, mit dem sie stufenlos fahren können. Ohne zu schalten, kann der Fahrer den Traktor vom Schneckentempo bis auf Höchstgeschwindigkeit für Straßenfahrten beschleunigen.

Die Kabine schützt vor Regen, aber auch vor der Hitze im Sommer. Außerdem dröhnt der Treckermotor nicht so laut. Der Sitz ist gefedert und fängt die Stöße auf.

Beim Traktor sind die vorderen Räder meist kleiner als die hinteren. Über den vorderen Rädern ist der Motor montiert. Dahinter sitzt der Fahrer oder die Fahrerin am Lenkrad.

Stark und schnell

Trecker können ganz langsam kriechen: 20 Meter pro Stunde. Jeder Marienkäfer krabbelt schneller! Traktoren können aber auch recht schnell fahren. Obwohl sie schwer sind, erreichen sie bis zu 60 km/h Spitzengeschwindigkeit – und das mit beladenem Anhänger. Das können aber nur besonders leistungsstarke Trecker.

Heute gibt es kaum noch Traktoren mit weniger als 54 PS (umgerechnet 40 kW). Die Mehrzahl hat etwa zwischen 95 und 200 PS (70 bis etwa 140 kW). Die kräftigsten Traktoren sind sogar bis zu 600 PS (etwa 400 kW) stark. Sie sehen allerdings eher wie Bagger oder Raupenfahrzeuge aus.

Wie der Traktor dreht und hebt

ZAPFWELLE UND HYDRAULIK

Viele Maschinen können an einen Traktor gehängt werden. Doch damit sie fräsen, streuen oder schneiden können, müssen sie die Motorkraft des Traktors anzapfen. Aber wie?

Kipper, Ladewagen, Miststreuer und andere Wagen werden in die **Anhängerkupplung** des Traktors gehängt und dann gezogen. Andere Landmaschinen wie der Pflug, die Egge, die Sämaschine oder die Fräse werden am **Hubwerk** befestigt. Das sind zwei breite Stangen hinten am Traktor, die er heben oder senken kann. Manche Traktoren haben vorne ein weiteres Hubwerk. Mit dem Hubwerk kann der Traktor die angehängte Maschine heben und zum Feld fahren. Auf dem Acker senkt er das Hubwerk zu Boden – und mit ihm die Maschinen. Die Arbeit kann beginnen. Ein Pflug braucht keine weitere Kraft. Er muss nur durch den Boden gezogen werden. Dann schneidet er das Erdreich auf und wendet es mit seinem spiegelglatten, gebogenen Streichblech um. Fräse, Sämaschine, Düngerstreuer oder andere Maschinen benötigen aber zusätzliche Kraft, damit sie sich drehen. Dazu wird die **Gelenkwelle** auf die Zapfwelle gesteckt. Sie wird vom Traktormotor angetrieben. Wenn der Traktorfahrer die Zapfwelle einschaltet, dreht sie sich mit aller Kraft und treibt die angehängten Maschinen an.

Was ist Hydraulik?
Es grenzt an Zauberei: Der Traktorfahrer drückt einen Knopf, schon hebt sich der Frontlader. Ein anderer Knopf wird gedrückt und hinten hebt das Hubwerk den einge-

hängten Düngerstreuer, die Fräse oder den Pflug. Das ist aber kein Zauberkunststück, sondern es ist – „Hydraulik". Was sich dahinter verbirgt, könnt Ihr selbst ausprobieren. Dazu benötigt Ihr einen Eimer mit Wasser, einen dünnen Gummischlauch und zwei möglichst gleich große Spritzen ohne Nadel. Die bekommt Ihr in der Apotheke – oder in der (Tier-)Arztpraxis.
Auf eine der beiden Spritzen stülpt Ihr den Schlauch. Das andere Ende des Schlauches haltet Ihr ins Wasser. Durch den Schlauch zieht Ihr die Spritze mit Wasser voll. Die andere Spritze bleibt leer. Ihr Kolben ist eingedrückt. Nun nehmt Ihr vorsichtig den Schlauch aus dem Eimer, steckt ihn auf die zweite Spritze und drückt den Kolben der ersten, vollen Spritze. Was passiert?
Das Wasser schiebt den Kolben aus der zweiten Spritze heraus. Es überträgt die Kraft von der einen zur anderen Spritze. Genau das meint das Wort „Hydraulik": Durch Flüssigkeit wird Kraft übertragen.
Ähnlich funktioniert auch die Hydraulik beim Traktor. Dort fließt aber kein Wasser, sondern Öl. Der Traktormotor treibt eine Hydraulikpumpe an, die das Öl durch Rohre und Schläuche pumpt. Ist am anderen Ende des Schlauches ein Kolben angebracht, schiebt das Öl diesen Kolben nach oben. Es hebt den Frontlader, bringt die Ladefläche eines Anhängers zum Kippen oder hebt eine Egge oder Sämaschine hoch.

Eine geniale Erfindung

RUDOLF DIESEL UND SEIN MOTOR

Alle Traktoren haben heute einen Dieselmotor unter der Haube. Der Motor hat seinen Namen von dem Mechaniker und Ingenieur Rudolf Diesel.

An seiner Erfindung hat Rudolf Diesel viele Jahre getüftelt. 1897 war es soweit: Sein allererster Motor lief. Und lief. Und lief. Noch heute ist Diesels Erfindung im Deutschen Museum in München zu besichtigen. Der Motor ist über vier Meter hoch – also etwa so hoch, wie ein Auto lang ist. Obwohl der Motor uralt ist, kann er immer noch laufen. Bald kamen Diesel und andere findige Tüftler darauf, dass sich der Motor auch kleiner bauen lässt, ohne an Kraft zu verlieren. So konnte Diesels Motor bald die ersten Traktoren antreiben. Dabei ist es bis heute geblieben. Der Dieselmotor hat mehrere Vorteile. Zunächst einmal benötigt er weniger Kraftstoff als ein Benzinmotor. Dieselmotoren sind auch viel haltbarer. Sie laufen viel länger als Benzinmotoren. Der Dieselmotor liefert seine Kraft sehr zuverlässig und gleichmäßig – egal, ob er nun langsam, normal oder sehr schnell läuft, ob er viel oder wenig ziehen muss. Selbst wenn sich die Last ganz schnell ändert, stört das den Dieselmotor so gut wie gar nicht. Er ist also genau das Richtige für die Arbeit auf dem Feld und im Wald.

Viele Traktoren, die in der „Kinderzeit" des Dieselmotors gebaut wurden, sind längst auf dem Schrottplatz gelandet. Doch einige stehen im Museum – oder in Garagen und Scheunen, wo sie von Freunden alter Technik liebevoll gepflegt werden.

So ein Motor ist nichts anderes als ein schwerer Block aus Eisen. In ihm sind kreisrunde **Zylinder** eingebaut. Das sind „Rohre", die von innen spiegelglatt geschliffen sind. In jedem dieser Zylinder bewegt sich ein **Kolben** aus Stahl oder Aluminium auf und ab. Er ist ebenfalls ganz glatt geschliffen. Mit seiner kreisrunden Form passt er exakt in den Zylinder. An seiner Oberseite ist der Kolben nach innen gewölbt. Das ist die **Verbrennungskammer.** Manche Dieselmotoren haben zwei Zylinder, andere haben fünf, sechs oder sogar acht. Die meisten Traktormotoren haben vier bis sechs Zylinder.

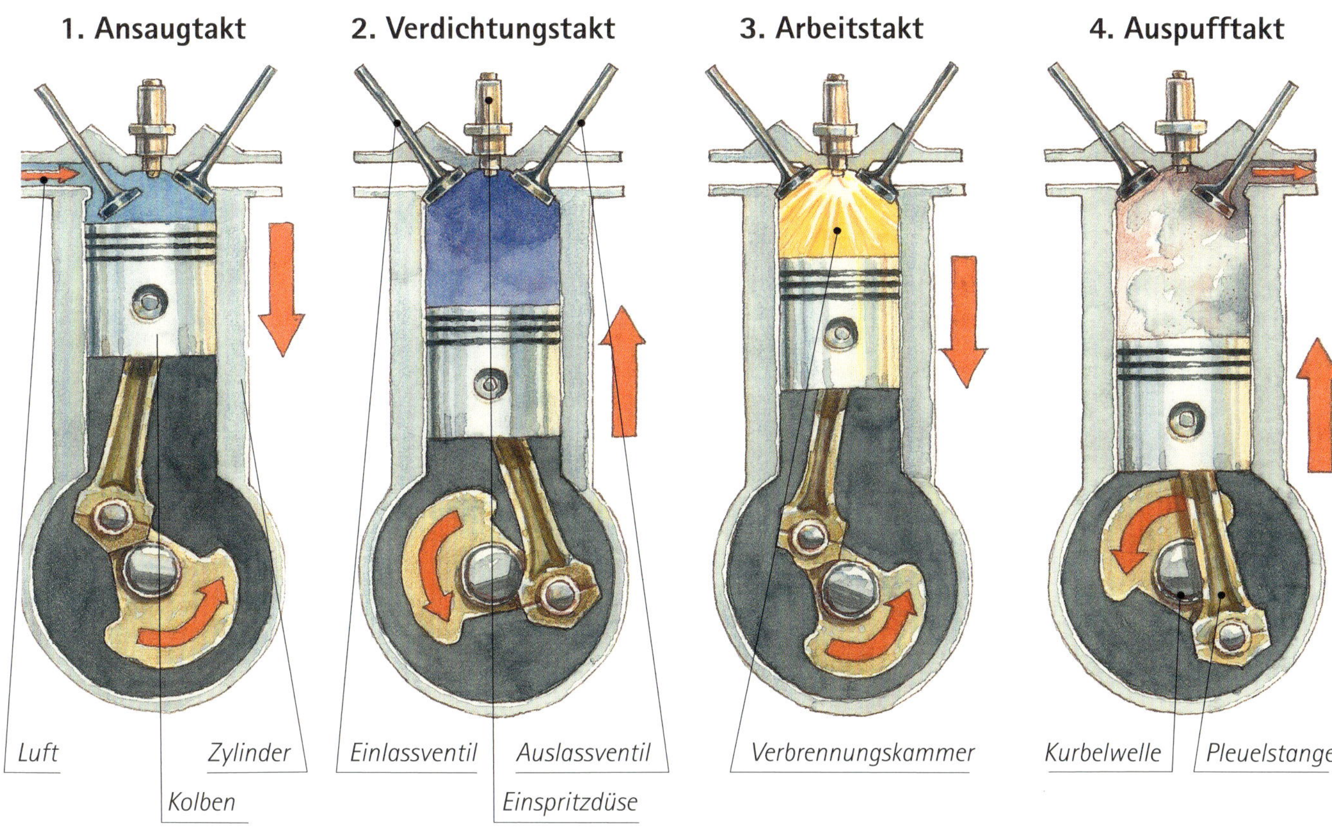

1. Takt: Der **Kolben** saust nach unten und saugt Luft an. Das **Einlassventil** ist geöffnet. Die Luft kann einströmen.

2. Takt: Der Kolben drückt wieder nach oben und presst die Luft zusammen. Beide Ventile sind geschlossen. Die Luft kann nirgendwo hin. Und jetzt passiert etwas, was Ihr von Eurem Fahrrad kennt. Wenn Ihr es ganz schnell aufpumpt, wird die Luftpumpe warm. Denn Luft, die zusammengepresst wird, erwärmt sich. Im Dieselmotor geschieht das Gleiche – aber blitzschnell und mit ungeheuer starker Kraft. Deshalb wird die Luft auch bis zu 900 Grad Celsius heiß!

3. Takt: In die glühend heiße Luft wird nun durch die **Einspritzdüse** Diesel eingesprüht. Er fängt sofort Feuer. Die Luft ist so heiß, dass der Diesel gar keinen Zündfunken benötigt.
Er zündet von selbst, verbrennt und drückt dabei den Kolben nach unten.

4. Takt: Der Kolben schiebt wieder nach oben. Jetzt ist das Einlassventil geschlossen, aber das **Auslassventil** geöffnet. Das Gemisch aus Luft und verbranntem Diesel wird aus dem Zylinder gepumpt. Von dort wird es in die Abgasanlage und dann nach draußen geleitet.

Jeder **Zylinder** hat an der Oberseite drei Zuleitungen. Durch die eine kann Luft einströmen, wenn das **Einlassventil** offen steht. Durch die zweite wird mit der **Einspritzdüse** der Dieselkraftstoff eingeleitet. Durch die dritte können die Abgase des verbrannten Dieselkraftstoffs entweichen, wenn das **Auslassventil** offen steht. In jedem Zylinder passiert in vier Schritten, in vier „Takten", hintereinander dasselbe: Luft ansaugen, zusammenpressen, Diesel einspritzen und mit der Luft verbrennen sowie die Abgase ableiten.
Hat ein Motor vier Zylinder, geschehen diese Takte aber nicht gleichzeitig. Ist der erste Zylinder zum Beispiel im zweiten Takt, kann der zweite Zylinder im dritten Takt, der dritte Zylinder wiederum im ersten Takt sein.
Was in der Musik schrecklich klingen würde, ist beim Motor genau das Richtige: So verteilt sich die Kraft der Explosionen in den vier Zylindern gleichmäßig.
Unter jedem Kolben ist eine Stange befestigt, die **Pleuelstange.** Sie bewegt sich mit dem Kolben auf und ab.
Das andere Ende der Pleuelstange ist mit der **Kurbelwelle** verbunden. Durch die Pleuelstange wird die Kurbelwelle in Gang gesetzt. Sie „sammelt" also die Kraft der einzelnen Motorzylinder, leitet sie zu den Zahnrädern im Getriebe und schließlich zu den Vorder- und Hinterrädern.

Es klingt wie aus einem Zukunftsfilm: Der Bauer oder die Bäuerin fährt mit dem Traktor einmal über den Acker, drückt einen Knopf – und dann fährt der Traktor mit der Sämaschine ganz allein weiter, wie von Geisterhand gesteuert.

Wenn Bauern säen, müssen sie genau aufpassen. Denn auf dem Acker soll kein Flecken frei bleiben. Überall soll Saatgetreide ausgesät werden. Es soll aber auch möglichst wenig doppelt gesät werden. Dabei helfen ihnen ein Bordcomputer und ein Navigationsgerät. Diese Geräte sind bei großen, modernen Traktoren eingebaut. Ihr erkennt das daran, dass oben am Kabinendach ein runter Topf montiert ist. Das ist eine **Antenne.** Sie fängt keine Radio- oder Fernsehsender ein, sondern Signale aus dem All. Diese Funksignale stammen von Satelliten, die im Weltall rund um die Erde kreisen. Die Signale werden zu einem **Bordcomputer** auf dem Traktor geleitet. Er errechnet daraus, wo der Traktor gerade steht oder fährt. Der Fahrer stellt Antenne und Navigationsgerät auf Empfang. Dann

Ferngesteuert aus dem All

BORDCOMPUTER UND ELEKTRONIK

fährt er auf dem Feld die erste Spur, also einmal hin und her. Vorher hat er den Umriss des Feldes in den Computer eingespeichert.

Der Bordcomputer kennt auch die Breite der **Sämaschine.** Aus diesen Daten errechnet er alle Spuren, die der Traktor fahren muss. Das macht der elektronische Rechner so genau, als würde er mit einem Lineal das Feld in Streifen zerlegen. Sie sind so breit wie die Sämaschine und passen exakt aneinander. Doch das ist noch nicht alles: Der Bordcomputer ist mit dem Lenkrad, dem Motor und den Rädern des Traktors verbunden. Auf Knopfdruck „sagt" er ihnen, wie sie steuern und sich bewegen müssen. Dann kann der Traktor losfahren, ohne dass der Fahrer das Lenkrad berührt. Der Bordcomputer überwacht ständig den Weg des Traktors auf dem Feld. Auch dabei helfen ihm die Signale aus dem Weltall.

Der Traktor mit der Sämaschine fährt dann auf dem einmal errechneten Weg über den Acker: Spur für Spur, Streifen für Streifen. Diese Technik sorgt dafür, dass exakt so viele Saatkörner aufs Feld kommen, wie es notwendig ist. Kein Weg muss doppelt gefahren werden. Die Bauern sind also schneller fertig. Außerdem sparen sie Dieselkraftstoff und Saatgetreide. Vor allem auf großen Feldern lohnt sich der Einsatz dieser Technik. Die Bauern setzen sie nicht nur bei Säen ein, sondern bei allen Arbeiten auf dem Acker. Natürlich dürfen sie die Fernsteuerung nicht im Straßenverkehr einschalten. Das ist strengstens verboten. Aber auch auf dem Acker geht es nicht ohne Fahrer. Denn es kann immer etwas dazwischen kommen, wenn zum Beispiel plötzlich ein Reh über das Feld läuft. Wenn der Traktorfahrer die Bremse tritt oder wenn er das Lenkrad anfasst und es ein wenig dreht, schaltet sich die elektronische Steuerung sofort aus.

Computer auf vier Rädern

Große moderne Traktoren stecken heute voller Elektronik. Auf Traktoren gibt es Tastbildschirme, Bordrechner, empfindliche Sensoren, also Messfühler, und andere elektronische Helfer. Sie messen zum Beispiel den Verbrauch an Diesel, die Leistung des Motors, die Umdrehung der Zapfwellen – oder sie steuern die Hydraulik.

Wenn etwas nicht mehr richtig funktioniert, schlägt der Bordcomputer Alarm. Den Fehler zeigt er auf dem Tastbildschirm an. Er kann sogar den Reparaturdienst mit einer E-Mail oder einer SMS benachrichtigen.

Der Bordcomputer kann auch mit der Sämaschine, dem Düngerstreuer und anderen angehängten Maschinen „reden" und ihnen Befehle geben.

Nicht nur Traktoren, auch Mähdrescher oder Maishäcksler sind mit Computer, Navigationsgerät und anderen elektronischen Geräten ausgestattet. So können sie feststellen, wie viel Getreide oder Mais sie auf einer bestimmten Stelle eines Feldes geerntet haben. Der Bauer oder die Bäuerin wissen dann, welche Stellen eines Ackers gedüngt werden müssen und welche nicht. Das „sagt" der Bauer dem Traktorcomputer, er füttert ihn mit den entsprechenden Daten. Der Bordcomputer sorgt dann beim nächsten Mal dafür, dass der Düngerstreuer an der passenden Stelle genau die Menge ausstreut, die nötig ist.

Navigation und GPS
Um einen unbekannten Weg herauszufinden, benötigte man früher Kompass, Karten und Weg- oder Straßenschilder. Heute helfen dabei „Navigationsgeräte". Es gibt sie für Schiffe, Flugzeuge, Autos, LKW, Traktoren und Fahrräder.

Das Wort „Navigation" stammt aus der Sprache der alten Römer. So nannten sie es, wenn sie mit einem Schiff übers Meer fuhren und dessen Weg berechneten. Dabei halfen ihnen Sonne, Mond und Sterne. Heute weisen Funksignale der Himmelssatelliten den Weg. Mit ihnen können Navigationsgeräte den Weg berechnen.
Dieses Steuern per Elektronik wird oft als GPS bezeichnet. Das bedeutet „Globales Positions-System". Übersetzt heißt das: weltumspannendes Netz, um den Standort zu bestimmen.

Bei einem Auto können Navigationsgeräte bis auf einen Meter errechnen, wo es gerade steht oder fährt. Die Steuerung für Traktoren ist sogar bis auf einen Zentimeter genau – die Abweichung ist kleiner, als ein Eincentstück breit ist!

So kommt die Saat auf das Feld

SÄMASCHINE

Die Bauern fahren im Frühling und im Herbst mit den Sämaschinen auf die Felder. Sie säen Getreide und Raps, Grassamen und andere Feldfrüchte. Wie funktioniert so eine Sämaschine?

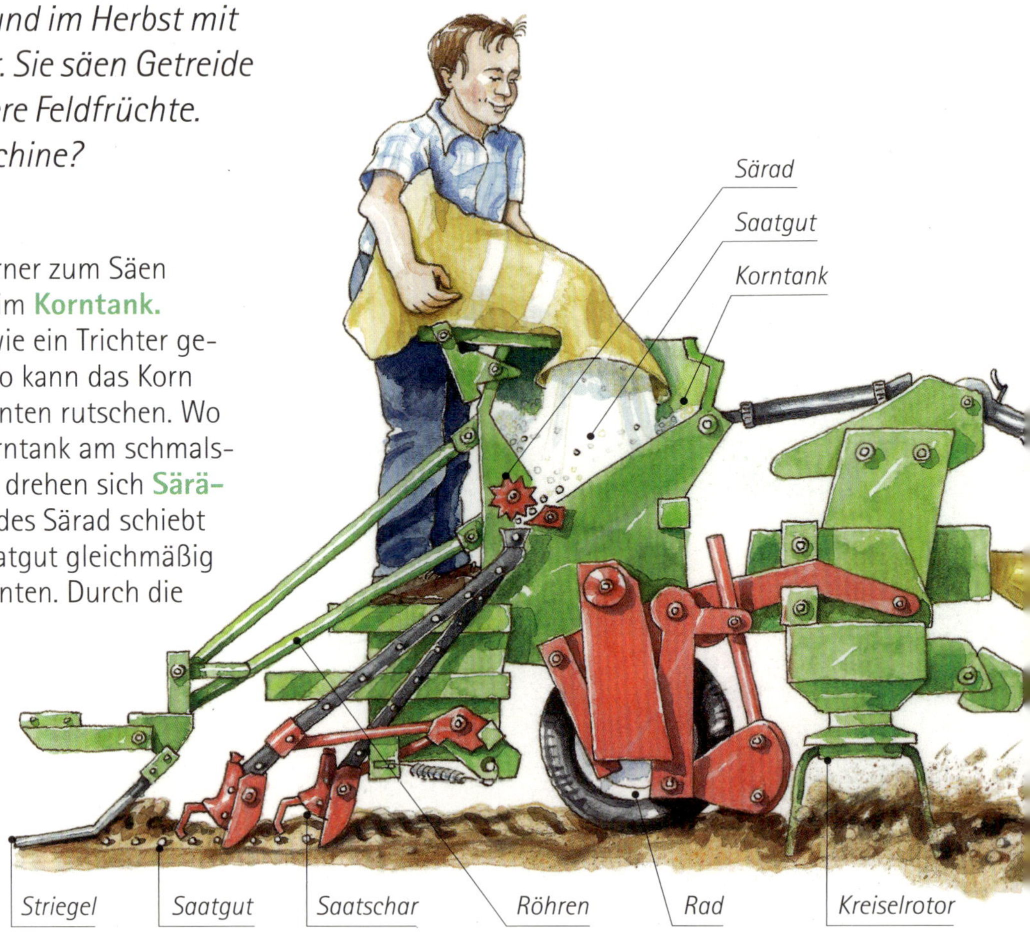

Als Erstes wird der Ackerboden aufgelockert. Das erledigt der **Kreiselrotor.** Er besteht aus zwei dicken Blättern aus Metall. Der Rotor dreht sich ganz schnell und drückt sich wie ein Pürierstab in den Boden. Er wird vom Trecker über die Zapfwelle angetrieben.
Das **Rad** hinter dem Rotor zerkrümelt den Boden. Außerdem drückt es den Boden etwas fest.

Die Körner zum Säen liegen im **Korntank.** Er ist wie ein Trichter gebaut. So kann das Korn nach unten rutschen. Wo der Korntank am schmalsten ist, drehen sich **Säräder.** Jedes Särad schiebt das Saatgut gleichmäßig nach unten. Durch die **Röhren** kullern die Saatkörner in das **Saatschar.** Sie zieht eine Spur in den zerkrümelten Boden. Direkt hinter dem Schar fällt das Saatkorn aus der Röhre in diese Spur. Zum Schluss drücken **Striegel** die frisch gezogene Spur mit dem Saatkorn noch ein wenig zu. Striegel – das sind Metallstangen hinten an der Sämaschine. Sie drücken den Boden an und ziehen ihn glatt. Nun ist die Saat im Boden. Sie braucht jetzt Wasser und Nährstoffe, Wärme und Sonne zum Gedeihen.

Das Särad
Das Saatgut muss gleichmäßig aufs Feld kommen: nicht zu viel und nicht zu wenig. Dafür sorgt das Särad. Es sitzt auf einer Stange – einer „Welle", wie der Fachmann sagt –, die sich dreht. Das Särad „zieht" mit seinen Zähnen die Saatkörner aus dem Tank mit dem Saatgut.
Die großen Zähne am Rad sind für Getreidekörner, die kleinen Zähne sind für Gras- oder Rapssamen. Dreht sich das Rad langsam, fällt wenig Saatgut durch. Dreht es sich schnell, kann viel Saatgut durch die Rohre aufs Feld fallen. Vor der Fahrt aufs Feld wird eingestellt, wie schnell sich die Welle mit den Särädern drehen soll. Angetrieben wird die Welle durch das Rad an der Sämaschine.

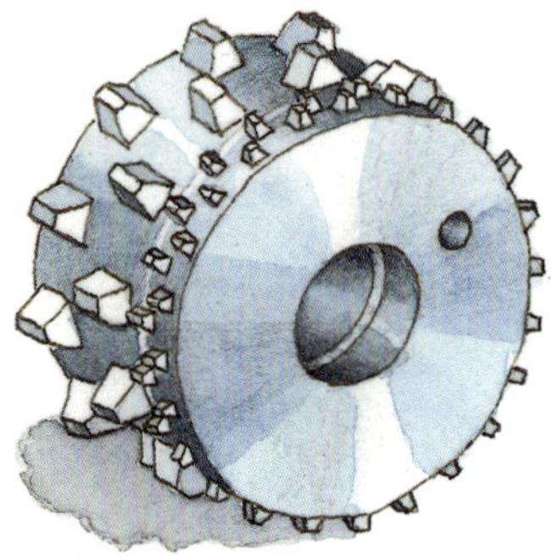

Sämaschine mit Qualle?
Die Katze bringt ihre Kinder in Sicherheit, denn der Bauer will mit der großen Sämaschine starten. Die Maschine sieht aus, als hätte sich eine riesige Meeresqualle an ihr festgekrallt. Das ist aber keine Qualle, sondern ein Verteilkopf. Aus dem Korntank wird das Saatgut in den **Verteilkopf** geblasen. Dort fallen die Saatkörner in die Schläuche – und durch die Schläuche auf den Ackerboden.

*Sie blühen weiß, ihre Knollen sind gelbbraun –
und (fast) alle mögen sie. Klar, die Rede ist von Kartoffeln.
Sie wird meist im April gepflanzt. Aber wie?*

Eine Kartoffelstaude braucht mehr Platz als zum Beispiel eine Maispflanze oder gar ein Roggenhalm. Kartoffeln bringen nur dann reiche Ernte, wenn sie in regelmäßigem Abstand in den Boden gelegt werden. Außerdem müssen Kartoffeln gut mit Erde zugedeckt werden. Sie werden „angehäufelt".

Das alles schafft die Kartoffelpflanzmaschine in einem Arbeitsgang.

Mit dem Aufzug in den Boden

KARTOFFELPFLANZMASCHINE

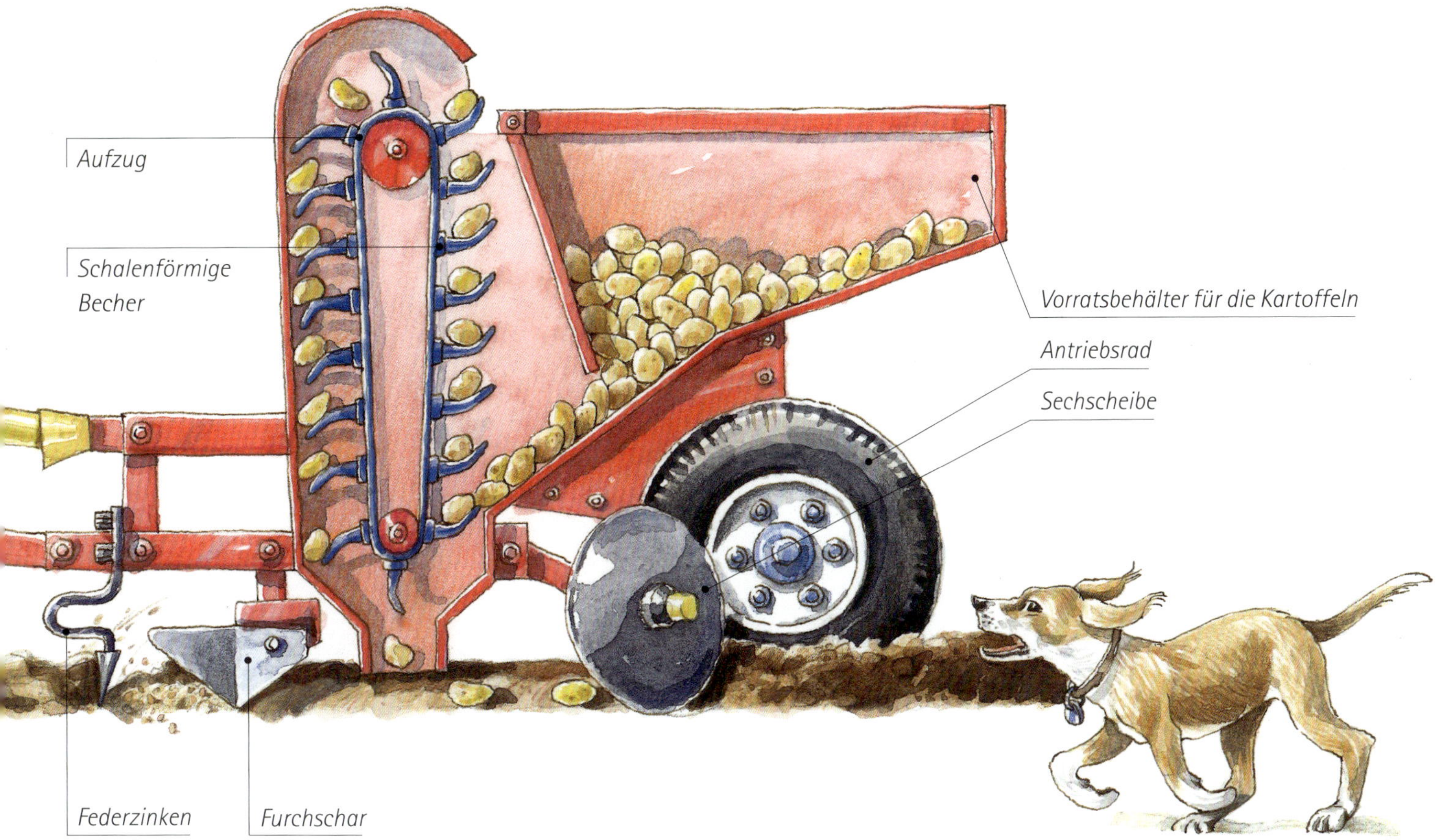

Zunächst lockert der **Federzinken** den Boden auf. Das kleine **Furchschar** direkt hinter dem Federzinken zieht eine tiefe Furche in den Acker.
Die Pflanzkartoffeln liegen hinten in einem **Vorratsbehälter.** Er läuft nach unten spitz zu.

Durch das Loch passt nur eine Kartoffel. Die Pflanzkartoffeln fallen durch das Loch in **Becher.** Die Becher sind so groß wie eine Kinderhand und wie eine Schale geformt. Sie hängen an einem dicken, stabilen Band aus Leder oder Gummi.
Das Band läuft über zwei Räder. Wenn sie sich drehen, geht's erst aufwärts und dann abwärts mit den Bechern und den Kartoffeln. Unten fallen die Pflanzkartoffeln einzeln in die Furche.

Die Kartoffeln werden meistens in einem Abstand von ungefähr 35 cm gelegt. Hinten rollen zwei **Sechscheiben** aus Metall über den Acker. Sie laufen etwas schräg. Die Kartoffeln in der Furche decken sie mit Erde zu. Die Sechscheiben schieben die Erde zu einem Damm auf. Unter diesem Damm können die Kartoffeln am besten gedeihen.

Ohne Fleiß keinen Mais

MAISLEGEGERÄT

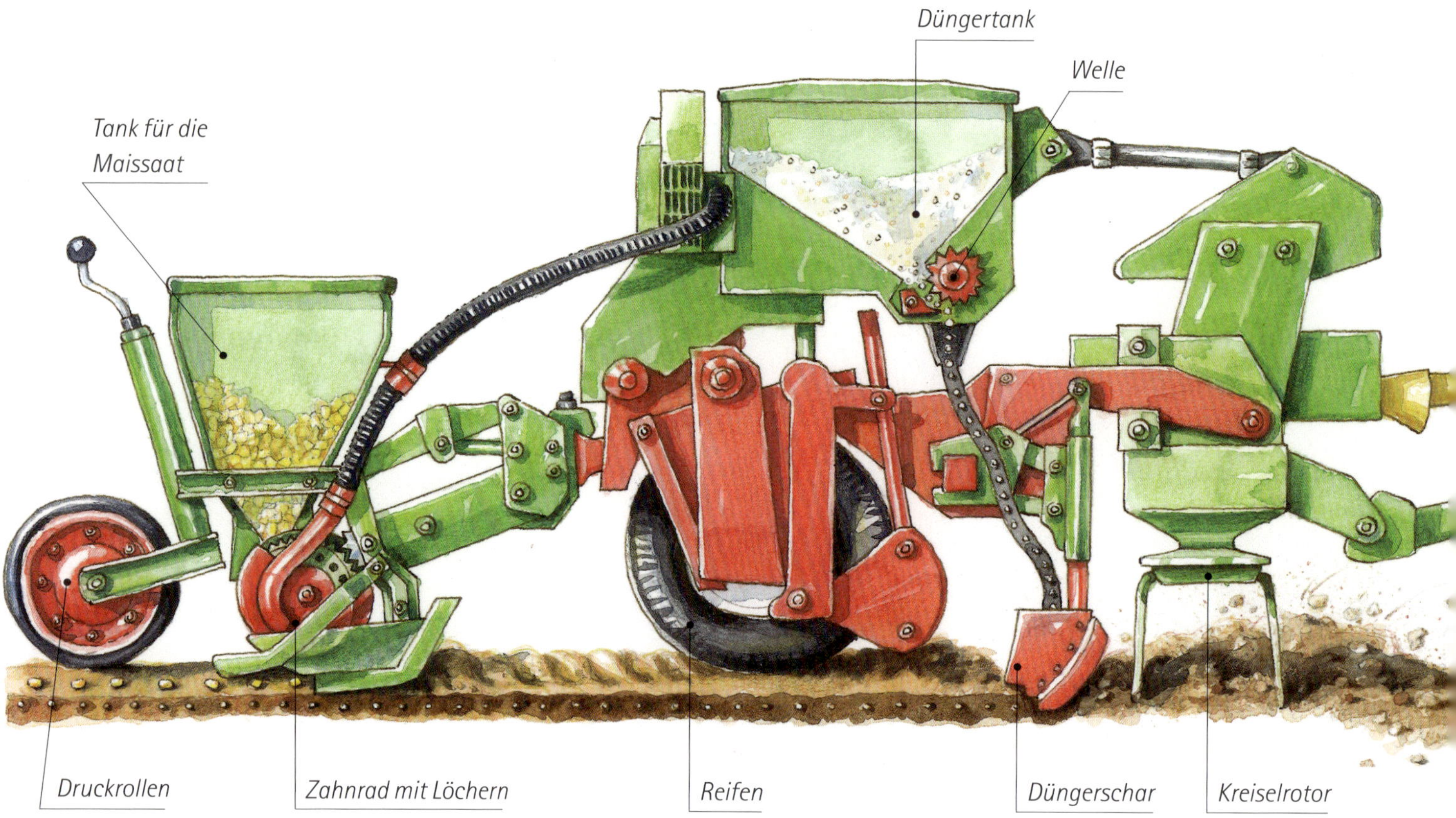

Im April sind Bäuerinnen und Bauern Tag und Nacht unterwegs, um Mais zu säen – um Mais zu „legen“, wie es heißt. Aus den gelben Körnern wachsen bis zum Herbst riesengroße Maispflanzen.

Maispflanzen brauchen viel Platz – nach oben und zur Seite. Damit sie richtig gedeihen können, müssen sie weit genug auseinander stehen. Darauf wird schon beim Säen geachtet. Das Maislegegerät legt die sonnengelben Körner einzeln und im passenden Abstand in den Boden. Unter jedes Maiskorn wird dabei auch etwas Dünger gelegt. Dadurch wächst die Pflanze besser. Zunächst aber muss der Boden gelockert werden. Das erledigt der **Rotor.** Es sind Metallplatten, die sich schnell drehen und den Ackerboden „mixen“. Als Nächstes wird der Ackerboden gedüngt. Der Dünger liegt in einem eigenen Vorratsbehälter, dem **Düngertank.** Unten am Düngertank dreht sich eine lange Stange. Sie wird auch **Welle** genannt. Auf dieser Welle sitzen Zahnräder. Sie lassen den Dünger in Rohre rieseln. Von oben fallen die Düngerkörner in ein **Schar** aus Metall. Es ritzt den Boden auf. Durch das Schar rieseln die Düngerkörner auf den Ackerboden. Ein **Reifen** streicht den lockeren Ackerboden mit den Düngerkörnern glatt und drückt ihn etwas an. Hinten an der Maschine passiert das Gleiche noch einmal – aber statt der Düngerkörner fallen nun Maiskörner einzeln in den Boden.

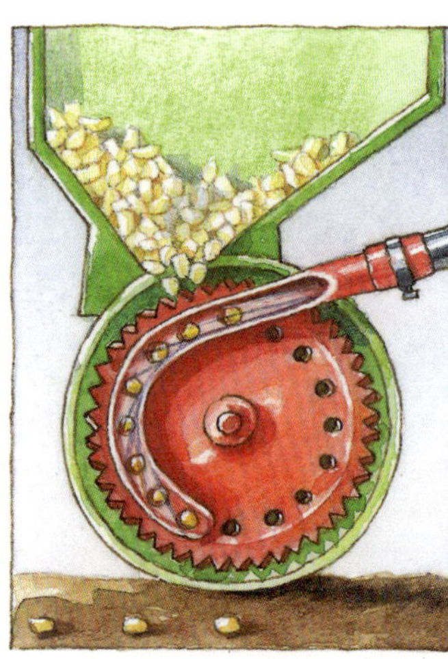

Hinter dem Reifen ritzt ein weiteres Schar den Boden auf. Dann werden dort die Maiskörner einzeln in die Erde gelegt. Sie liegen dann genau über den Düngerkörnern. Ein Rad drückt den Boden wieder etwas an.
Wie aber schafft es die Maschine, dass jedes Maiskorn einzeln in den Boden gelegt wird?

Der Trick mit den Körnern im Zahnrad
Die Maiskörner werden aus dem **Saatguttank** angesaugt wie Sandkörner von einem Staubsauger. Die Saugluft zieht die Körner in die Löcher eines **Zahnrads.** Jedes Loch ist so groß wie ein Maiskorn. Die Saugluft kann also in jedes Loch nur ein Korn hineinziehen. Das Zahnrad dreht sich. Es schiebt die angesaugten Körner nach unten. Dort wirkt der Luftsog nicht mehr. Die Körner fallen einzeln und gleichmäßig aus dem Loch heraus.

Die Zahnräder können ausgewechselt werden. Jedes Zahnrad ist anders gelocht. Liegen die Löcher weit auseinander, dann fallen auch die Maiskörner weit auseinander auf den Acker. Liegen die Löcher eng zusammen, dann landen die Maiskörner eng hintereinander auf dem Acker.

Strom stinkt nicht

BIOGASANLAGE

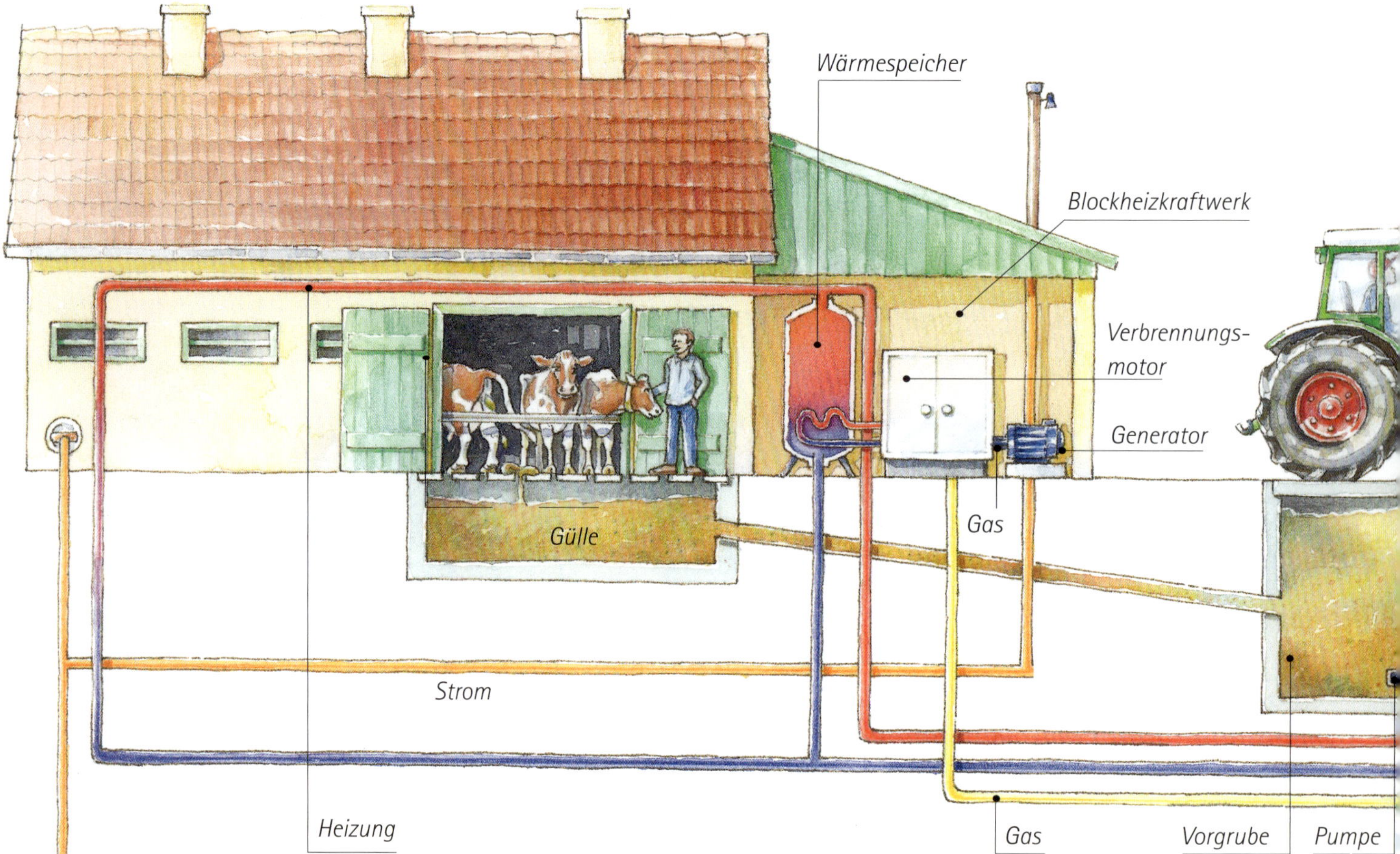

Aus Gülle lässt sich elektrischer Strom gewinnen. Auf etlichen Bauernhöfen geschieht das bereits – in Biogasanlagen. Wie funktionieren sie?

Für die Schweine, Rinder, Hühner und all die anderen Tiere auf einem Bauernhof gibt es kein Klo. Ihr Harn und ihr Kot werden unter dem Boden der Ställe gesammelt. Die dunkelbraune Brühe heißt Gülle. Sie läuft in eine Grube oder in einen großen Vorratsbehälter, in das Güllesilo. Gülle ist ein guter Dünger für die Felder. Doch bevor sie auf die Äcker ausgefahren wird, kann man mit ihr elektrischen Strom erzeugen.

Strom aus Gülle: Wie geht das?
Aus dem Viehstall des Bauernhofes läuft die Gülle in eine **Vorgrube.** Dort wird sie gemixt, verrührt und auf ihren „großen Auftritt" im **Fermenter** vorbereitet. So heißt der Tank, in den die Gülle gepumpt wird. Der Fermenter ist luftdicht abgeschlossen. In ihm beginnt die Gülle zu gären. Das heißt: Winzige Bakterien, Hefezellen und Schimmelpilze zersetzen die Gülle. Dabei steigen Bläschen auf. Die Brühe

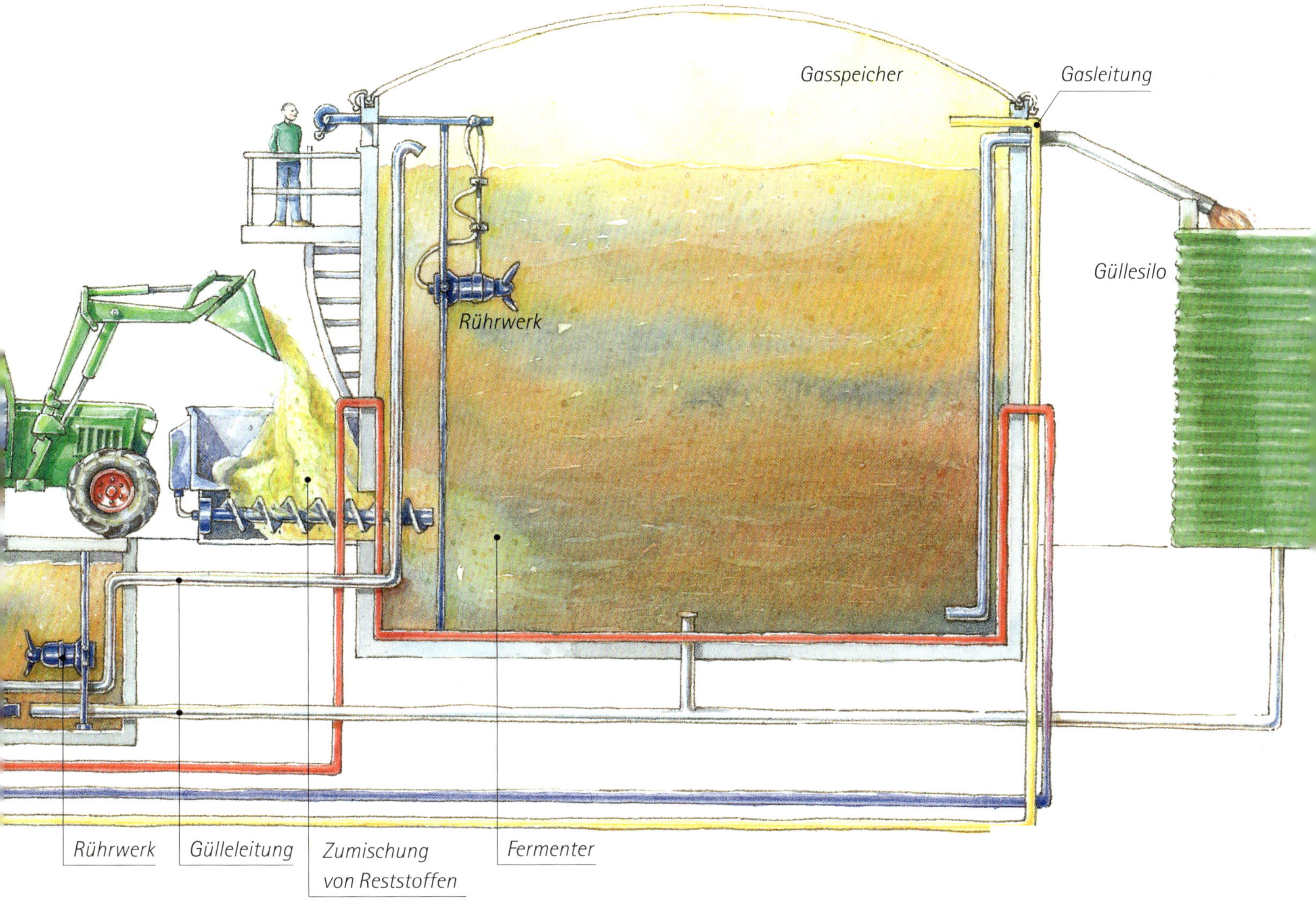

beginnt zu sprudeln und zu blubbern. Es entsteht „Biogas".
Für die Chemie-Experten und -Expertinnen unter Euch: Das Biogas ist ein Gemisch verschiedener Gase. Kohlendioxid ist dabei, auch ein wenig Stickstoff und Wasserstoff. Vor allem aber besteht das Biogas aus Methan, einem leicht brennbaren Gas. Dieses Gasgemisch wird in einem **Gasspeicher** gesammelt. Von dort aus wird es in ein **Blockheizkraftwerk** gepumpt.
In ihm ist ein **Verbrennungsmotor** direkt mit einem Stromgenerator verbunden.
Das Biogas also treibt den Motor an und der wiederum setzt den **Stromgenerator** in Gang. Dieser Generator erzeugt elektrischen Strom – und zwar mehr als genug für den Bauernhof. Meistens kann noch eine Menge Strom ins Stromnetz geleitet werden.

Und was passiert am Ende mit der Gülle? Aus dem **Fermenter** wird sie in ein Silo gepumpt. Dort lagert sie, bis der Bauer damit seine Felder und Wiesen düngt. Weil die Brühe aus der Biogasanlage gegoren hat, riecht sie nicht so streng.

Futter für die Kleinen
In der Gülle wimmelt es von winzigen Lebewesen wie Bakterien oder Pilzen. Man kann sie nur unter einem Mikroskop sehen. Aber sie schaffen das kleine Wunder: Je mehr Nahrung sie in der Gülle finden, umso schneller und gründlicher stellen sie Biogas her. Deshalb werden diese Lebewesen gefüttert. Mais, Gras oder Mist werden in die Gülle gerührt. Auch Biertreber oder Getreideschlempe können hineinkommen. Das sind biologische Reststoffe, die beim Bierbrauen oder Schnapsbrennen entstehen. Fettreste, Molke aus der Milchverarbeitung oder Reststoffe aus einer Ölmühle können ebenfalls als zusätzliches „Futter" dienen.

Für Pflanzen ist Gülle ein wertvoller Dünger. Deshalb wird sie zwischen Frühjahr und Herbst aufs Feld gebracht – mit dem Güllefass.

Vom **Güllesilo** neben dem Stall führen **Rohre** zum **Güllefass.** Eine Pumpe füllt den anrüchigen Brei in das Fass. Wenn es voll ist, fährt der Bauer damit aufs Feld oder auf die Weide.
Früher wurde die Gülle auf dem Feld einfach mit einer Pumpe in die Luft geschleudert – und das stank nicht schlecht.

Heute wird die Gülle meist mit Schläuchen direkt auf dem Ackerboden verteilt. Das funktioniert so: An einem Gestell hinter dem Fass hängen breite Schläuche.
Eine Pumpe am Fass drückt die Gülle in die **Schleppschläuche.** Deren Enden schleifen über den Boden.

Aus den Schläuchen rinnt die Gülle direkt zu den Pflanzen.
Auf Stoppelfeldern benutzen die Bauern manchmal Spezial-Güllefässer. Bei ihnen ziehen hinter den Schläuchen Grubberhaken durch den Boden. Sie vermengen Gülle und Ackerboden – da ist nicht mehr viel zu riechen. Andere Spezial-

Diese Tonne stinkt

GÜLLEFASS

Jauche, Mist und Gülle – alles gleich?

Güllefässer haben Schläuche, die in besonderen „Schuhen" aus Metall stecken. Vorne schieben sie das Gras der Weide auseinander. Dann wird durch den Schlauch Gülle auf den Boden gespritzt. Hinten drückt der Schuh das Gras wieder zu.

Jauche, Mist und Gülle enthalten Ausscheidungen der Tiere vom Bauernhof. Alle drei Stoffe „riechen". Trotzdem gibt's Unterschiede: Gülle fällt immer dann an, wenn Tiere ohne Stroh im Stall gehalten werden.
Die Tiere stehen dann meist auf sogenannten Spaltenböden. Durch die Spalten fließen Tierkot und Harn sofort ab. Die Brühe wird in ein Güllesilo gepumpt.

Jauche = Harn der Tiere
Mist = Kot der Tiere + Stroh
Gülle = Harn der Tiere + Kot der Tiere

Dort wird sie gelagert, bis sie mit dem Güllefass auf dem Acker oder der Weide verteilt wird.
Gülle riecht meist sehr streng, ist aber ein guter Dünger. Bauern und Lohnunternehmer passen genau auf, dass sie nur so viel Gülle ausfahren, wie die Pflanzen für ihr Wachstum brauchen. Denn zu viel Gülle schadet den Pflanzen, dem Boden und dem Grundwasser. Gülle darf nur zwischen Frühjahr und Herbst ausgefahren werden. Nur dann können die Pflanzen alle Düngestoffe aufnehmen und verarbeiten.

Sommerzeit – Erntezeit

MÄHDRESCHER

Goldgelb steht im Sommer das Getreide auf den Feldern. Es kann geschnitten werden, wenn die Körner in den Ähren hart sind. Dann rückt der Mähdrescher an. Er schneidet das Getreide, drischt das Korn aus den Ähren und wirft das leergedroschene Stroh auf das Stoppelfeld.

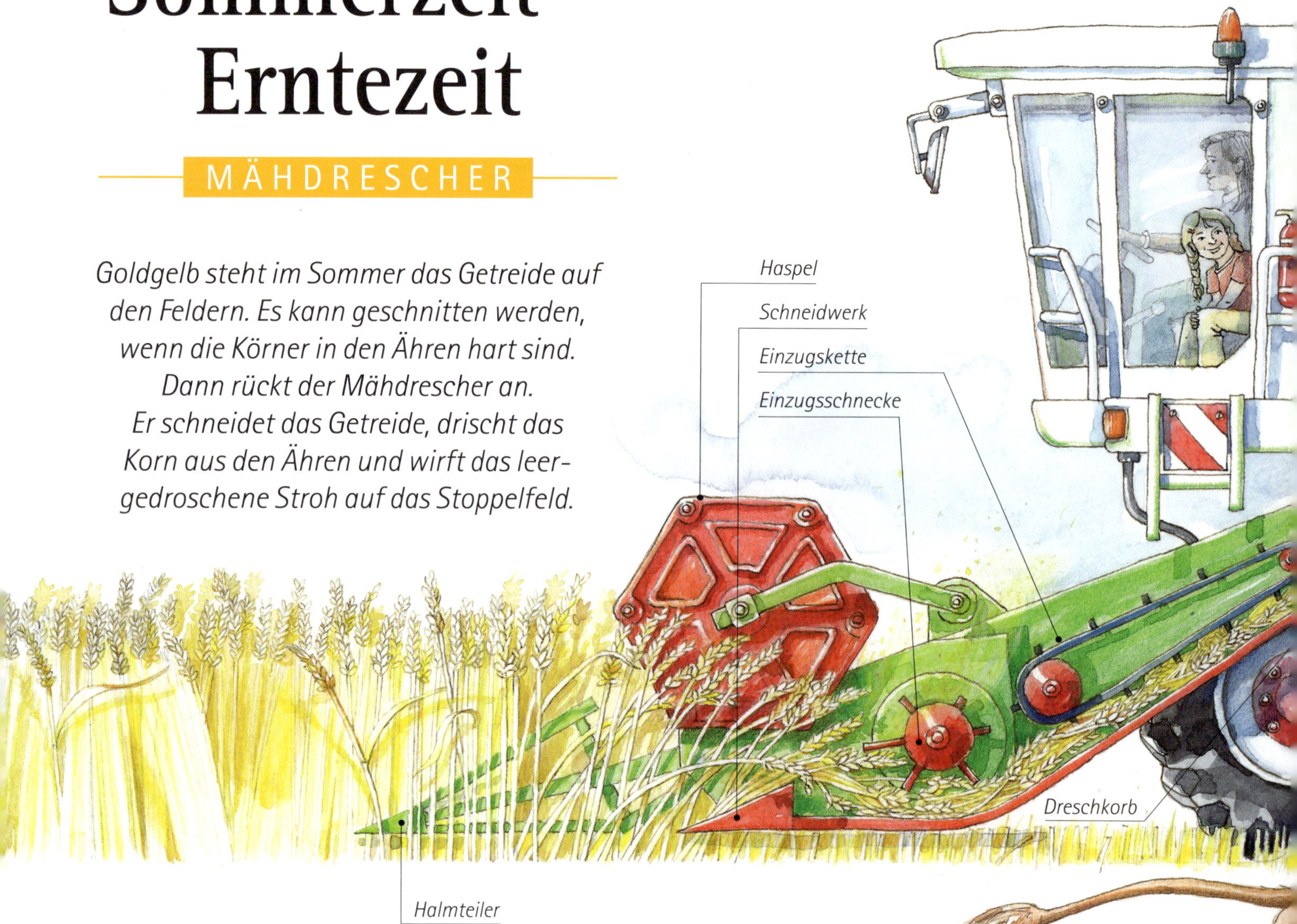

Vorne am Mähdrescher dreht sich die große **Haspel.** Sie drückt die Getreidehalme nach unten und zieht sie über das **Schneidwerk.** Im Schneidwerk bewegen sich kleine scharfe Messer ganz schnell hin und her. Sie schneiden die Getreidehalme ab. Eine spiralförmige Welle, die **Einzugsschnecke,** zieht die Halme in den Mähdrescher. Dort werden sie von einer Kette mit Greifern, der **Einzugskette,** bis zum **Dreschkorb** gezogen.

Der Dreschkorb ist eine lange, gebogene Schale aus Metall. Über dieser Schale dreht sich eine breite **Dreschtrommel** mit Leisten, also mit Metallstreifen. Sie schlagen die Getreidekörner aus den Ähren. Durch den Dreschkorb fallen die Körner nach unten, während das Stroh nach hinten geschoben wird. Im Stroh sitzen aber noch immer einige Körner.
Deshalb läuft das Stroh auf die **Schüttler.** Das sind mehrere lange Siebe aus Metall. Sie bewegen sich kräftig hin und her und schütteln die restlichen Körner aus dem Stroh heraus. Das Stroh wird dann weitergeschoben. Es fällt hinten aus dem Mähdrescher auf das Stoppelfeld.
Und die Körner?
Sie fallen durch die Siebe des Schüttlers und landen auf einer schrägen Metallplatte, dem **Rücklaufboden.** Er sammelt die restlichen Körner.
Sie rieseln zu den anderen Getreidekörnern.
Alle Getreidekörner werden auf dem **Vorbereitungsboden** gesammelt. Das ist eine lange Metallplatte, die etwas schräg liegt. Auf ihr rutschen die Getreidekörner auf zwei Siebe. Dort werden die letzten Reste vom Stroh und von den Ähren aus den Körnern herausgesiebt. Die Körner sammeln sich unten. Ein Aufzug mit Ketten und Fächern, der **Elevator,** hebt die Körner in den Korntank.

Körnerschnecke
Korntank
Schüttler
Rücklaufboden
Gebläse
Siebe
Dreschtrommel
Vorbereitungs-
boden
Elevator

Stroh oder Häcksel?
Manche Bauern benötigen nur das Korn, aber nicht das Stroh. Sie lassen es in kleine Stücke häckseln. Auch das schafft der Mähdrescher – aber nur, wenn hinten ein Häckselwerk angeschraubt ist. Es schneidet das Stroh kurz und klein und bläst es auf das Feld. Wird das Stoppelfeld umgepflügt, vermischt sich das Stroh mit dem Boden und kann dort verrotten. Das ist gut für den Ackerboden.

Korn in der Schnecke
Das Getreide wird im **Korntank** gesammelt. Ist er voll, wird das Getreide auf einen Anhänger umgeladen. Der Bauer fährt dann mit dem Trecker und dem Anhänger neben den Mähdrescher. Dort klappt der Fahrer ein Rohr aus – die **Körnerschnecke.**

In dem Rohr läuft eine Schnecke – keine „echte" Schnecke natürlich, sondern eine spiralförmige Stange. Sie sieht wie eine langgezogene Schraube aus. Sie transportiert das Getreide aus dem Korntank durch das Rohr. Am Ende des Rohres fällt das Korn heraus – genau auf den Anhänger.

Pakete aus Stroh

PACKENPRESSE

Wenn der Mähdrescher das Feld verlassen hat, liegt das Stroh in breiten Streifen auf dem Stoppelfeld. Es muss meist noch etwas trocknen, bevor es eingefahren werden kann. Dann wird das Stroh zusammengepresst – zu großen Rundballen oder zu rechteckigen dicken Paketen.

Die rechteckigen Strohpakete werden von der Packenpresse geformt. Sie erledigt mehrere Arbeiten gleichzeitig. Zunächst sammelt sie das Stroh ein. Dann drückt sie das Stroh fest zusammen und verschnürt es zu einem Paket. Die Packenpresse wird vom Trecker über die **Gelenkwelle** angetrieben. Hier auf dem großen Bild liegt sie noch am Boden. Die Presse ist abgehängt, weil sie gerade repariert wird.
Wenn sie fertig ist, hängt der Bauer die Presse hinter den Trecker. Mit der Gelenkwelle verbindet er den Treckermotor mit der Packenpresse.

Vorne an der Packenpresse kratzen Metallzinken dicht über den Boden. Die Zinken nehmen das Stroh auf. Es wird auf Metallschienen ins Innere der Presse geschoben. Die Eisenzinken und Metallschienen nennt der Fachmann **„Pick up".**

Das wird „Pickapp" ausgesprochen und heißt wörtlich „Nimm auf". In der Presse schneiden Messer das Stroh kurz und klein. Dabei wird das Stroh in die Presskammer geschoben. Dort wird das Stroh vom schweren **Presskolben** fest zusammengedrückt. Der Presskolben schiebt sich in der Presskammer ganz schnell vor und wieder zurück. Wenn genug Stroh zusammengepresst ist, muss das „Paket" verschnürt werden. Blitzschnell stoßen gebogene **Nadeln** durch den Presskanal.

Sie ziehen das Strohband am Ballen vorbei nach oben. Dort nehmen mechanische Knoter das Band auf und knoten es fest zusammen. Jetzt ist der Ballen fertig.
Der nächste Ballen ist dann schon in Arbeit. Wenn er gepresst und gebunden ist, schiebt er seinen „Vorgänger" durch den Presskanal nach draußen. Dort fällt der Ballen auf den Acker.

Die Pakete können schwimmen

Stroh ist federleicht. Aber wenn es fest zusammengepresst ist, dann ist es so schwer, dass selbst Erwachsene es nicht mehr heben können. So ein Ballen ist meist etwa 80 cm breit und zwischen 70 und 90 cm hoch. Er kann dabei bis zu 2,50 m lang sein und bis zu 400 kg wiegen. Das ist so viel wie zehn bis zwölf Kinder! Wenn man den Ballen in einen See werfen würde, dann würde er trotzdem nicht untergehen. Denn er ist immer noch leichter als Wasser!

Als hätte ein Riese sie aufs Feld gelegt: So sehen die großen Strohballen aus den Rundballenpressen aus. Gut anderthalb Meter hoch sind die Ballen – also größer als viele Kinder. Wie wickelt die Maschine die Riesenrollen aus Stroh?

Der Trecker treibt die **Gelenkwelle** an. Sie setzt die Riemen, Wellen und Walzen in der Rundballenpresse in Bewegung. Wie die Packenpresse, so hat auch die Rundballen-

Eine runde Sache

RUNDBALLENPRESSE

presse eine **„Pick up"** aus Eisenzinken. Sie kratzen über den Boden, heben das Stroh auf und schieben es in die Presse. Das Stroh landet in der **Presskammer.** Darin laufen sechs elastische **Riemen.** Sie sehen so ähnlich aus wie dicke breite Gummibänder. Die Riemen sind um **Walzen** gespannt, die sich drehen. Das Stroh dreht sich in der „Wickelkammer" am Anfang locker im Kreis. Je mehr Stroh hineingeschoben wird, umso fester pressen die Riemen das Stroh zusammen. Wenn der Strohballen fertig ist, wird er mit Garn festgebunden. Dann kann er nicht mehr auseinanderfallen. Das alles macht die Maschine automatisch. Zum Schluss hebt sich die Heckklappe. Der fertige Riesenballen kullert aus der Wickelkammer auf das Feld. Es gibt auch Ballenpressen ohne Riemen. Sie haben stattdessen viele Walzen, die das Stroh zusammendrehen.

So geht's auch

Von Anfang an ganz fest gepresst wird das Stroh bei dieser Art von Rundballenpresse. Dabei läuft ein einziger Riemen durch die Wickelkammer. Die Maschine verändert automatisch die Laufbahn des Riemens – je nachdem, wie viel Stroh sie geladen hat.

Herbstzeit – Kartoffelzeit

KARTOFFELRODER

„Bunt sind schon die Wälder, gelb die Stoppelfelder, und der Herbst beginnt ..."

So beginnt ein altes Volkslied über den Herbst. Die Tage werden wieder kürzer. Die Blätter färben sich. Der Wind rüttelt an den Bäumen. Jetzt ist die beste Zeit, Drachen steigen zu lassen.
Kinder auf dem Land hatten früher dazu kaum Zeit. Denn sie mussten helfen, Kartoffeln zu ernten. Dafür bekamen sie sogar schulfrei. „Kartoffelferien" hieß das.
Heute, in den Herbstferien, können Kinder Drachen steigen lassen und sich über viele andere Spiele freuen. Denn die Kartoffelernte erledigt nun der Traktor – und der Kartoffelroder.
Kartoffeln wachsen unter langen, hochgeworfenen Reihen auf den Feldern. Die Erde ist über den Pflanzreihen der Kartoffeln zu langen Dämmen aufgeschüttet. Diese Dämme sind im Herbst gut zu erkennen. Das Kartoffelkraut ist trocken, grau und zusammengeschrumpelt. Dann wird es Zeit, Kartoffeln zu ernten.

Was tun mit Kartoffeln?
Salzkartoffeln, Kartoffelbrei, Pellkartoffeln, Pommes frites, Chips – das alles wird aus Kartoffeln gemacht. Aus der Kartoffel wird aber auch Stärke gewonnen, die in über 500 Produkten verwendet wird: als Wäschestärke, aber auch für Kleister, Papier und für biologisch abbaubare Kunststoffe.

So holt der Roder die Kartoffeln aus der Erde
Der Trecker zieht den Roder über das Kartoffelfeld. Ein Damm mit Kartoffeln wird dabei regelrecht in den Roder hineingeschoben. Ein flaches Schar hebt ihn von unten, eine dicke Trommel drückt von oben. Seitlich neben der Trommel laufen zwei scharfe Scheiben, die **Sechscheiben.** Sie schneiden das Kartoffelkraut ab, das neben dem Damm liegt.

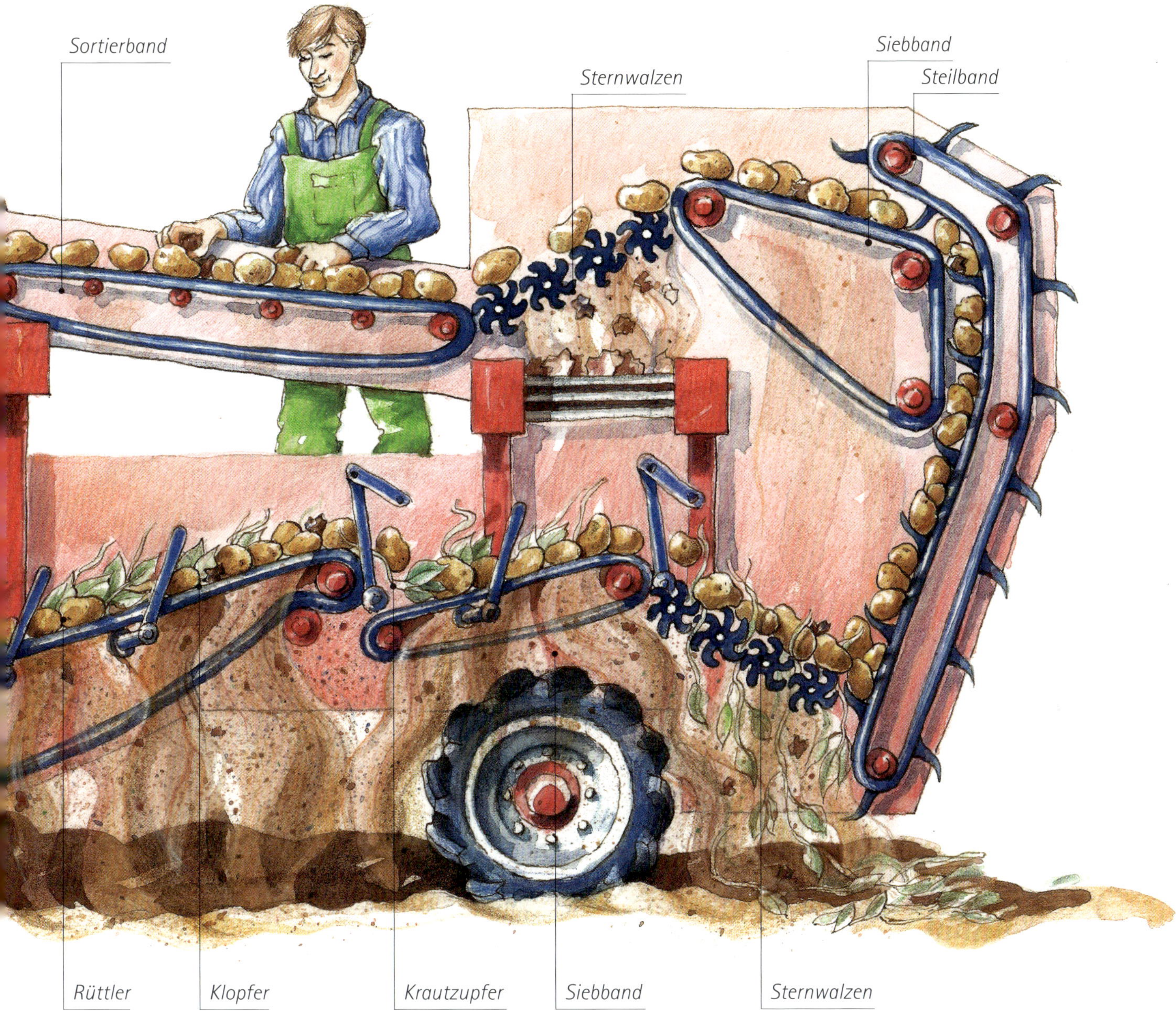

Hinter der Trommel beginnt das Förderband des Roders, das sogenannte **Siebband.** Es zieht den Damm mit den Kartoffeln hoch und fängt gleich an zu sieben. Durch die Stangen des Siebbandes fällt die Erde nach unten. Nach oben weiterbefördert wird ein Gemisch aus Kraut, Kartoffeln, festen Erdklumpen und auch Steinen. **Rüttler, Klopfer, Krautzupfer** und noch ein zweites Siebband sorgen dafür, dass nur die Kartoffeln oben ankommen. Kartoffelkraut, das es bis hierhin geschafft hat, wird von **Sternwalzen** nach unten gezogen. Es fällt auf den Acker. Das **Steilband** fördert die Kartoffeln weiter nach oben. Manchmal sind unter ihnen auch noch Steine versteckt. Sie werden aussortiert. Das geschieht entweder automatisch oder von Hand am **Sortierband** oben auf dem Roder. Aussortiert werden dort auch faule und grüne Kartoffeln, Knochen, Metalldeckel und andere Fundstücke. Über ein **Förderband** laufen die Kartoffeln weiter. Entweder landen sie in einem Vorratsbehälter, dem „Bunker", der dann, wenn er voll ist, auf einen Hänger entleert wird. Oder die Kartoffeln rollen auf einem Überladeband auf den Hänger, den ein zweiter Trecker neben dem Roder herzieht.

Alles kurz und klein gehäckselt

MAISHÄCKSLER

Im Herbst brummen und dröhnen Maishäcksler über die Felder. Die Maschinen zerfleddern die Maispflanzen in kleine Stücke. Dafür brauchen sie sehr viel Kraft.

Wie zerfleddern diese Maschinen den hohen und zähen Mais? **Mähscheiben** schneiden die Maispflanzen ab. Diese Mähscheiben sind runde Teller aus Metall, die sehr scharfe Kanten haben und sich drehen. Sind die Maispflanzen geschnitten, werden sie sofort von **Einzugketten** festgehalten und in die Maschine gezogen.
Dort greifen **Einzugwalzen** die Maispflanzen und drücken sie zusammen.

Die Maispflanzen werden dann zur **Messertrommel** geschoben. Hier wird's ernst, denn auf dieser dicken Trommel sind rundherum messerscharfe Platten aus Stahl aufgeschraubt. Diese Platten schneiden den Mais und häckseln ihn kurz und klein.
Die Messertrommel ist etwa 60 cm breit und ungefähr genauso dick im Durchmesser. Sie wiegt rund 300 Kilogramm, ist also etwa so schwer wie sieben kleine Kälber zusammen. Trotzdem ist die Trommel fix. Sie dreht sich in einer Minute tausendmal!
Manche Maiskörner „überleben" die Messertrommel. Sie werden in zwei Stahlwalzen zerkleinert und geknackt. Deshalb heißen diese Stahlwalzen auch **Kornknacker.**
Die Walzen sind geriffelt. Außerdem läuft die untere Walze schneller als die obere. Dadurch werden die letzten größeren Blatt- und

Stängelstücke auseinandergezogen, bis sie reißen. Das **Wurfgebläse** wirft den kleingehäckselten Mais wieder an die frische Luft. Der Mais schleudert durch den **Auswurfkrümmer** nach draußen. Er landet auf dem Anhänger, mit dem der Bauer neben dem Maishäcksler fährt.

Schneiden mit Scheiben und Zacken

Häcksler haben an ihrer Vorderseite breite Scheiben aus Metall. Sie können unterschiedlich groß sein. Die Scheiben haben Zacken und drehen sich. Dabei schneiden sie die Maispflanzen ab – unabhängig von den Reihen. Die Zacken ziehen die abgeschnittenen Maispflanzen in das Innere der Maschine. Maishäcksler können etwa 8 bis 12 Reihen Mais gleichzeitig abschneiden. Die größten schaffen sogar 20 Reihen.

Zucker vom Acker

ZUCKERRÜBENRODER

Kaum zu glauben, aber wahr: Im „dreckigen" Ackerboden wächst schneeweißer Zucker. Natürlich reifen unter der Erde keine Zuckerhüte. Aber auf Feldern mit besonders fruchtbarem Boden wachsen Zuckerrüben. Aus ihnen wird in der Zuckerfabrik der Zucker gewonnen. Er wird dort auch weiterverarbeitet: zu Würfeln, Kandis, Puderzucker, Kristallzucker und so weiter.

Die Landwirte ernten im Herbst die Zuckerrüben und fahren sie in die Zuckerfabrik – „Kampagne" nennen das die Bauern. Das wird „Kampannje" ausgesprochen. Die Ernte der Zuckerrüben beginnt im September und endet oft erst kurz vor Weihnachten. Die wichtigste Maschine ist dabei der Zuckerrübenroder. Er erledigt fünf Arbeiten gleichzeitig: Erst werden die Rübenblätter abgeschlagen, dann werden die Rüben geköpft, gezogen und geputzt. Schließlich werden sie zum Abtransport verladen.

Zunächst werden die Blätter der Rüben abgeschlagen. Dazu hat der Roder vorne eine Welle mit dicken Gummistreifen. Sie sehen fast wie riesige Fliegenklatschen aus und nennen sich **Schlegler.** Wenn sich die Welle schnell dreht, schlagen die Gummistreifen die Rübenblätter ab. Diese Blätter werden kleingehäckselt und auf den Acker geschleudert. Der Bauer kann sie als Dünger unterpflügen. Der **Rübenblattköpfer** schneidet die restlichen Blattstiele ab. Der Roderfahrer muss darauf achten, dass von den Rüben nicht zu viel und nicht zu wenig abgeschnitten wird. Bleiben noch Blattstiele an den Rüben, ist die Zuckerfabrik sauer, denn die will

Wie viele Kinder umzingeln den Giganten?

Die Zuckerrübenroder sind die Giganten unter den Landmaschinen. Selbst ein Mähdrescher wirkt klein gegen die Riesenroder. Die größten Zuckerrübenroder sind etwa 4 Meter hoch, 3 Meter breit und mehr als 15 Meter lang. Um so einen Zuckerrübenroder zu umstellen, sind bis zu 40 Kinder nötig, wenn sie sich an den Händen fassen und eine Kette bilden!

nur Rüben kaufen und keine Blattreste. Der Bauer bekommt dann weniger Geld. Wird zu viel abgeschnitten, dann ist der Bauer sauer. Denn ein Teil der Rübe, die ihm Geld einbringt, landet dann ungenutzt auf dem Acker. **Rodeschare** heben die Rüben jetzt aus der Erde. Die Schare sehen aus wie ein V. Sie sind vorne offen und ziehen etwa eine Daumenlänge tief durch die Erde. Die Öffnung des Schars hebt die Rüben an. Sie rutschen nach hinten und werden aus dem Boden gehoben.

Die Rüben werden nach hinten gefördert. Das schaffen **Siebsterne.** Mit ihren vielen Metallstangen sehen sie von oben wie ein Stern mit vielen Strahlen aus.

Diese Siebsterne drehen sich. Sie fördern die Rüben nach hinten. Walzen und Siebe reinigen die Rüben gründlich. Ein **Aufzug** trägt die Rüben in den **Ladebunker,** also in den großen Vorratsbehälter auf dem Roder. So ein Bunker kann bis zu 40 Kubikmeter Rüben fassen – er ist fast so groß wie ein normales Kinderzimmer! Ist der Bunker voll, werden die Zuckerrüben am Feldrand abgeladen. Von dort werden sie später zur Zuckerfabrik gefahren.

Wenn der Zuckerrübenernter seine Arbeit erledigt hat, liegen die Rüben am Ackerrand in einem großen langen Haufen. Jetzt kommt die „Maus" – so nennen Landwirte den Reinigungslader. Er reinigt die Zuckerrüben und lädt sie auf Wagen.

Der Reinigungslader ist fast so groß wie der Rübenroder: 3 Meter breit, 4 Meter hoch und bis zu 12 Meter lang. Warum heißt diese Riesenmaschine ausgerechnet „Maus"? Diesen Namen haben ihr Bauern gegeben, weil sie sich ganz flink in den großen Zuckerrübenberg hineinfrisst – wie eine richtige Maus. Innerhalb weniger Minuten kann die „Maus" den großen Anhänger hinter dem Trecker beladen. Müsste ein einzelner Landwirt diese Arbeit per Hand erledigen, würde er dafür viele Stunden benötigen!

Die Ernte mit der Maus

REINIGUNGSLADER

Vorne am Reinigungslader drehen sich mehrere spiralförmige **Walzen.** Sie nehmen die Rüben unten am Haufen auf. Von oben rutschen die Rüben nicht immer nach. Deshalb hat die „Maus" vorne einen langen Arm mit einer dicken **Rolle.** Diese Rolle senkt sich auf den Rübenhaufen und dreht sich dabei. Alle Rüben kollern dann schnell nach unten – und von dort in den Reinigungslader.

Auf **Förderbändern** rollen die Zuckerrüben durch die Maschine. Dabei werden sie gerüttelt, gebürstet und geschüttelt. Die letzten Reste vom Ackerboden fallen durch die Siebbänder auf den Boden. Die gereinigten Zuckerrüben landen auf dem Anhänger – und dann geht's auf in die Zuckerfabrik.

Rücken, heben, transportieren

TRAKTORARBEIT IM WALD

Viele Landwirte arbeiten nicht nur im Stall und auf dem Feld, sondern auch im Wald. Dabei helfen ihnen Traktoren mit spezieller Schutzausrüstung und besonderen Maschinen.

Traktoren werden im Wald für viele Arbeiten benötigt. Am wichtigsten ist das „Holzrücken", wie der Fachmann sagt. Dabei ziehen die Traktoren frisch gefällte Holzstämme aus dem Wald auf die befestigten Wege. Anschließend werden die Stämme auf Anhänger geladen und zum Lagerplatz oder ins Sägewerk gefahren.
Für diese Arbeiten müssen die Traktoren besonders vorbereitet werden. So benötigen sie für das Holzrücken eine **Seilwinde** mit einem **Rückeschild.**
Die Seilwinde besteht aus einer Rolle mit einem dicken, festen **Drahtseil.** Das eine Ende des Seils wird am Stamm befestigt. Das andere Ende ist an der Rolle befestigt, die vom Traktormotor angetrieben wird. Auf Knopfdruck dreht sich die Seilwinde und zieht den schweren Holzstamm aus dem Wald. Er wird bis an den Rückeschild gezogen, der am Hubwerk des Traktors befestigt ist. Der Schild hebt den Stamm etwas hoch. So lässt sich der Stamm leichter zum Ladeplatz ziehen. Arbeit im Wald ist besonders gefährlich. Holzstücke oder Splitter können durch die Luft fliegen. Äste können blitzschnell umschlagen. Schräg liegende Stämme können ins Rollen geraten. Deshalb tragen die Traktoren eine besondere Schutzkleidung. So ist die Traktorkabine mit **Gittern** und einem stabilen **Rahmen** aus Stahlrohr geschützt. Ähnliche Gitter und Schutzbleche schirmen auch den Unterboden des Traktors, seinen Tank und die Vorder- und Rückleuchten ab.

Häckseln, sägen, Wege walzen
Im Wald gibt es noch viele andere Arbeiten für Traktoren, zum Beispiel das Häckseln von Holz. Ein **Ladekran** am Traktor hebt das Holz vom Boden in den **Häcksler.** Er wird von der Zapfwelle angetrieben. Im Häcksler dreht sich eine Trommel mit scharfen Metallzacken. Sie zerschnetzeln selbst dicke Stämme kurz und klein. Der Häcksler

bläst die Holzstückchen auf einen Anhänger. Das **Häckselholz** dient als Brennstoff für Hausheizungen. Es wird aber auch auf Wege oder in Gartenbeete gestreut. Im Wald kann der Traktor auch Holz sägen oder Stämme spalten. Dazu werden besondere Maschinen an den Traktor gebaut. Mit anderen Anbaugeräten reinigt er die Waldwege, bestreut sie mit Steinmehl und walzt sie fest. Über diese Wege freuen sich dann alle, die im Wald unterwegs sind.

Mit Kran und Lader in den Wald

RÜCKEZUG

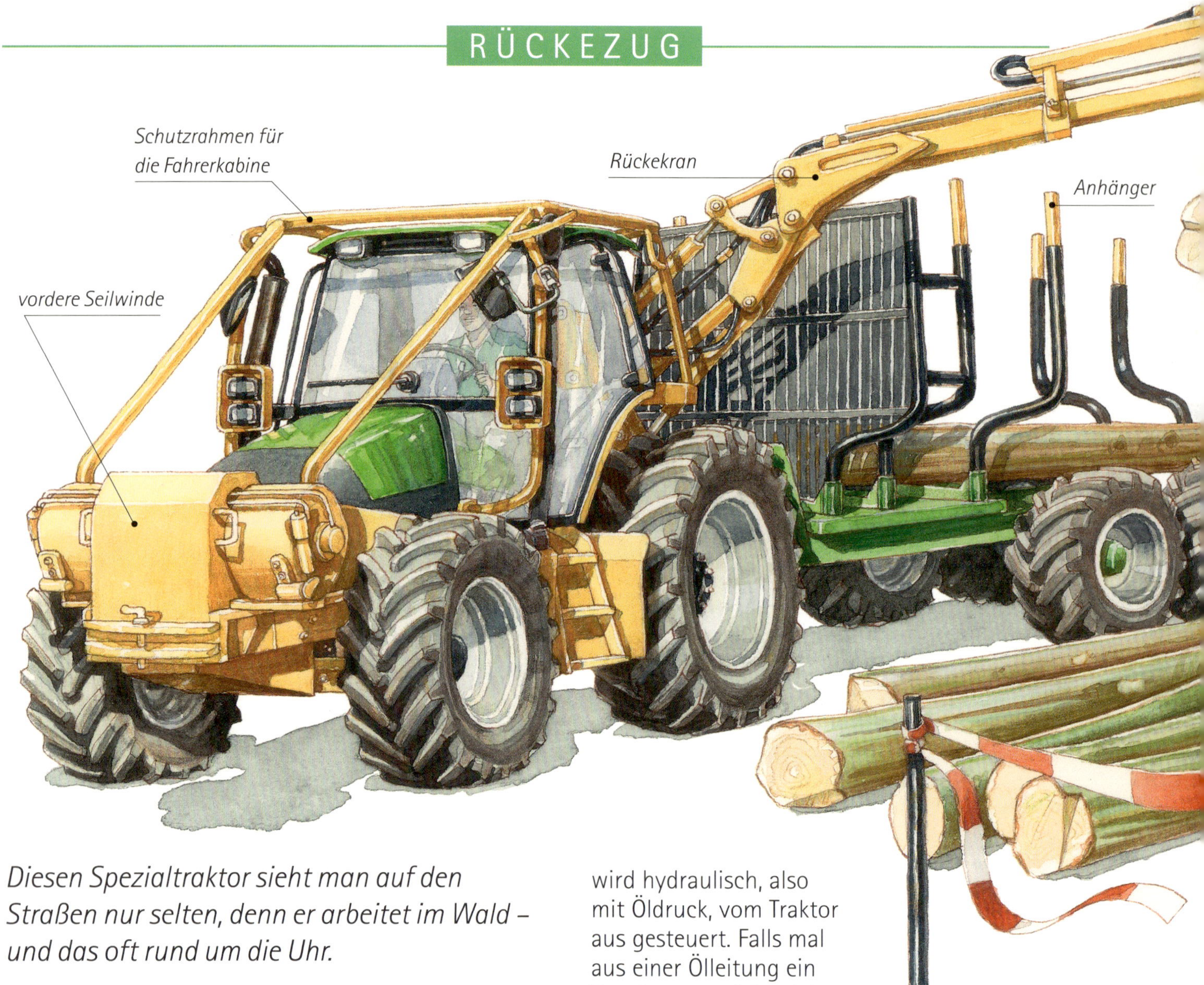

Diesen Spezialtraktor sieht man auf den Straßen nur selten, denn er arbeitet im Wald – und das oft rund um die Uhr.

Waldarbeit ist sehr schwere Arbeit – auch für Traktoren. Da müssen dicke, lange Stämme gezogen und gehoben werden. Sie müssen auf einen besonderen Lader gestapelt und abtransportiert werden. Ein Traktor mit Schild und Seilwinden reicht den Forstarbeitern und Waldbauern meist. Aber in den ganz großen Wäldern arbeiten sie mit einem Rückezug. Er zieht die gefällten Stämme aus dem Wald – er „rückt" sie, wie Waldbauern sagen.

Mit einem Kran hebt der Rückezug das Holz auf einen Anhänger und fährt es zum nächsten Waldweg.
Der Rückezug besteht aus drei Teilen: aus einem besonders starken Traktor, aus einem stabilen Anhänger, der lange, schwere Baumstämme transportieren kann, und aus einem **Rückekran.** Er kann mit seinem Greifarm ganz weit in den Wald hineingreifen. Damit hebt er die Stämme auf die Ladefläche des **Anhängers.** Der Kran wird hydraulisch, also mit Öldruck, vom Traktor aus gesteuert. Falls mal aus einer Ölleitung ein Tropfen entweicht, richtet er keinen großen Schaden an. Denn es wird ein besonderes Öl benutzt, das sich im Waldboden auflöst.
Auch die Reifen des Rückezuges sind für die Arbeit im Wald vorbereitet. Sie sind dicker und fester. Normalen Traktor- oder Anhängerreifen würde im Wald schnell die Luft ausgehen. Sie fahren ja nicht über glatte Straßen, sondern durch Pfützen und Gruben, über Baumstümpfe, spitze Äste oder scharfkantige Steine.

Forwarder: Es geht noch größer
Die größten Rückezüge im Wald heißen „Forwarder". Das ist englisch und bedeutet so viel wie „Transportunternehmen". Forwarder erinnern eher an riesige Bagger oder Radlader als an Traktoren mit Anhänger. Sind Forwarder mit Holzstämmen beladen, dann sind sie ziemlich schwer und drücken den Waldboden zusammen. Deshalb fahren Forwarder auf dicken, breiten Reifen.

Manche bekommen im Wald auch elastische Raupenbänder angelegt. Das schont den Boden und die Baumwurzeln. Außerdem fahren Forwarder – wie die Rückezüge – auf besonders vorbereiteten Fahrwegen im Wald. Sie sind mit Ästen und Holzreisig bedeckt. Forwarder kosten sehr viel Geld. Sie werden nur in großen Wäldern eingesetzt. Dort fahren sie oft Tag und Nacht. Deshalb ist oben an ihrer Fahrerkabine häufig ein Kranz von Halogenscheinwerfern angebracht. Sie leuchten nachts in alle Richtungen im Wald.

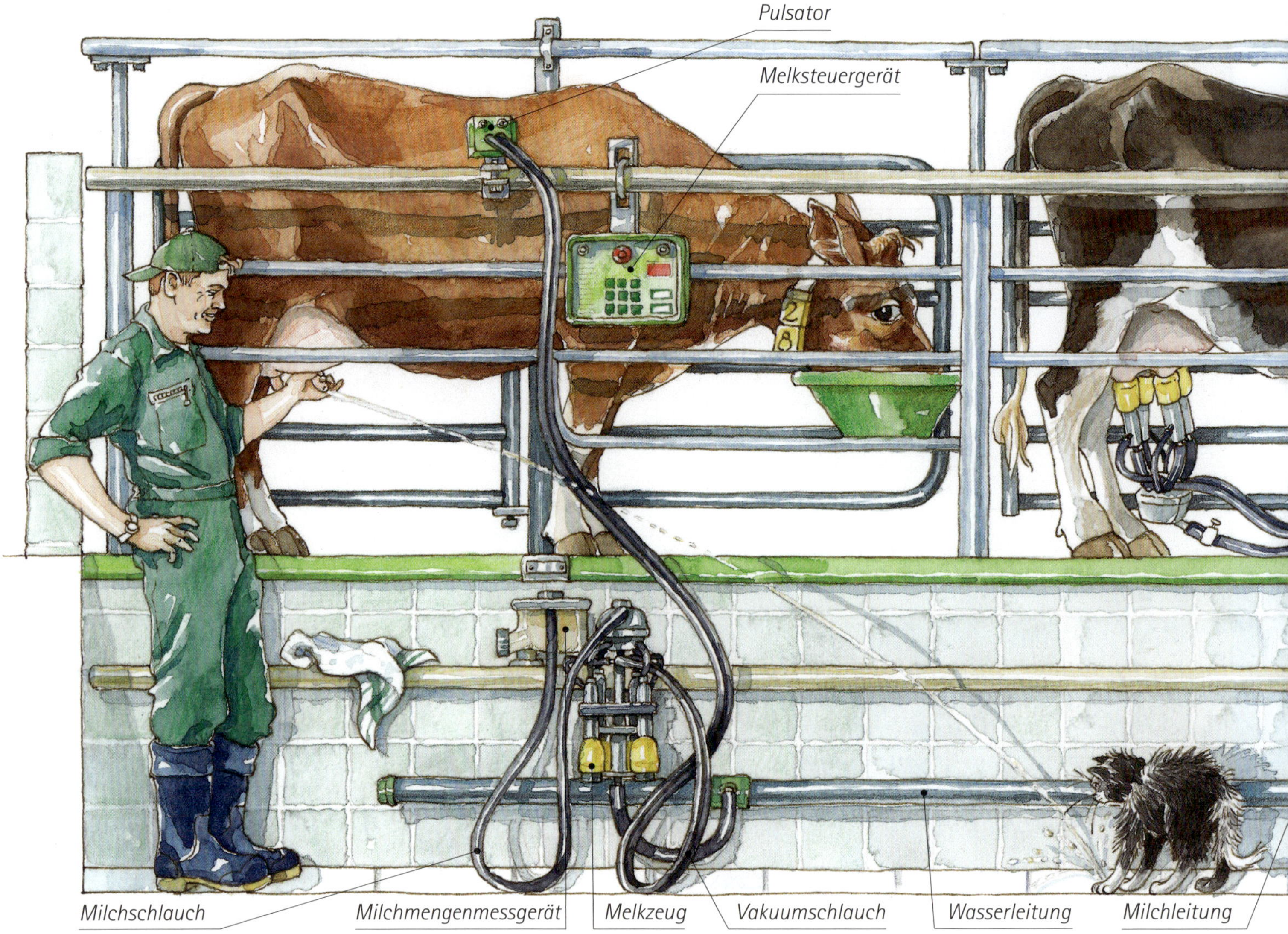

Eine Kuh macht Muh …
… viele Kühe machen Mühe!

MELKMASCHINE

Wie alle Haustiere, so wollen Kühe gut gepflegt, gefüttert und versorgt werden. Kühe müssen darüber hinaus aber noch gemolken werden – und das zweimal am Tag.

Früher mussten die Bäuerinnen und Bauern ihre Kühe von Hand melken. Das war anstrengend und kostete viel Zeit. Heute wird bei uns (fast) keine Milchkuh mehr von Hand gemolken, sondern mit einer Melkmaschine.

Die Milch kommt aus dem Euter einer Kuh. Jedes Euter hat vier Zitzen. Genauso hat jedes Melkzeug der Melkmaschine vier **Zitzenbecher.** Sie saugen die Milch aus dem Euter. Rechts seht ihr einen Schnitt durch so ein Melkzeug und die Zitzenbecher. Ein Zitzenbecher hat zwei Kammern. Sie sind durch eine biegsame Gummiwand voneinander getrennt. Die Zitze der Kuh steckt beim Melken in der inneren Kammer. Dort herrscht ein leichtes Vakuum. Es saugt die Milch an.

Im äußeren Raum hingegen, dem **Pulsraum,** ist mal Vakuum, mal Luft – immer abwechselnd, wie bei einem Pulsschlag. Regelmäßig biegt sich dadurch die weiche **Gummiwand** hin und her. Sie drückt dabei abwechselnd die Zitze zusammen und öffnet sie wieder. So gibt die Zitze im Pulstakt die Milch frei.

Was heißt „Vakuum"?
Die Melkmaschine saugt die Milch aus dem Euter der Kuh. Für die Saugkraft sorgt das Vakuum. Dieses Wort wird „Wah-Kuh-Um" ausgesprochen. Mit der Kuh hat es aber nichts zu tun. Vakuum ist lateinisch und heißt „leer". Vakuum meint einen Raum, in dem nichts mehr drin ist – auch keine Luft.
Wenn in diesem luftleeren Raum irgendwo ein kleines Loch ist, saugt das Vakuum sofort Luft an. Dabei zischt es. Das kennt ihr zum Beispiel von vakuumverpackten Kaffeepackungen, wenn man sie aufschneidet. Ein Vakuum zieht alles an: Luft, Wasser – oder eben Milch.
Das Vakuum wird durch eine „umgedrehte" Luftpumpe hergestellt. Sie pumpt keine Luft irgendwo hinein, sondern sie saugt Luft heraus. Solch eine Pumpe ist an jeder Melkmaschine zu finden. Sie heißt **Vakuumpumpe.**

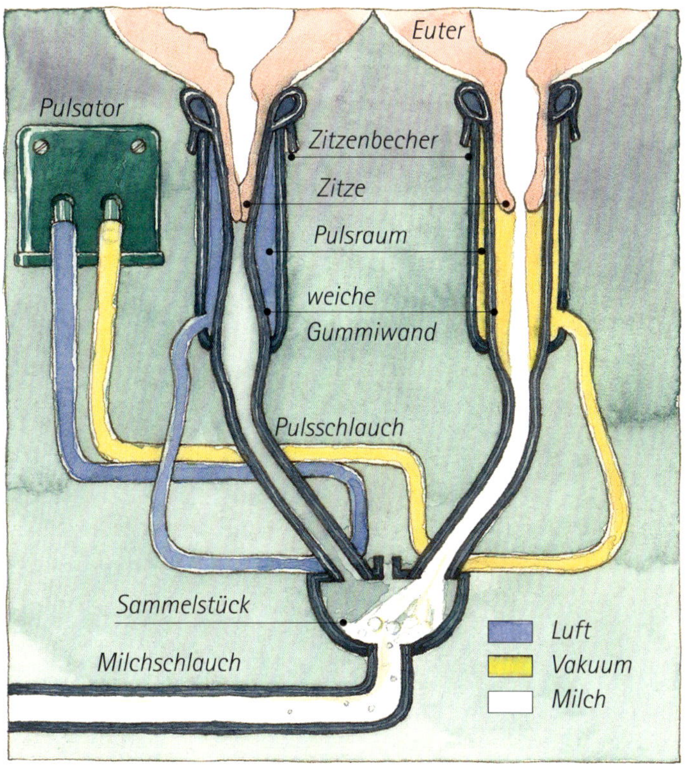

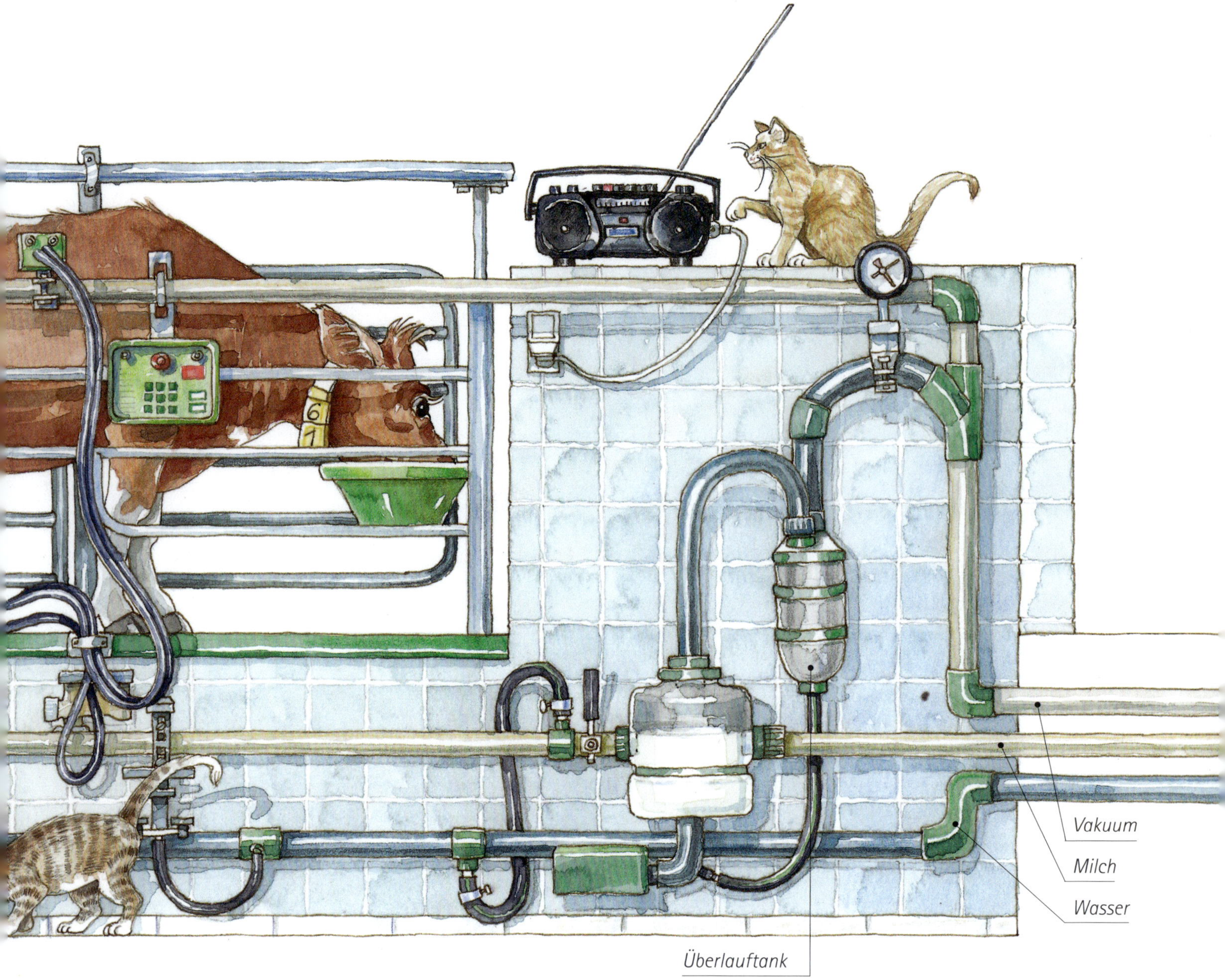

Vom Euter zur Molkerei

Melkanlagen können unterschiedlich groß sein und unterschiedlich aussehen. Im Prinzip aber funktionieren alle gleich. Drei verschiedene Rohrsysteme findet ihr an jeder Melkmaschine:

- Rohrleitungen für das Vakuum, also für die Saugkraft,
- Rohrleitungen für das Wasser, mit dem die Maschine vor und nach dem Melken gereinigt wird, und
- Rohrleitungen für die Milch.

Die Milch fließt vom Euter durch den **Milchschlauch** in die **Milchleitung.** Die Milch wird in Filtern gereinigt und landet zum Schluss im **Kühltank.** Dort wird die euterwarme Milch gekühlt, bis sie vom Tankwagen abgeholt wird. Er transportiert die Milch zur Molkerei.

Milchleitung
Vakuumleitung
Wasser-
leitung
Spülautomat
Kühltank
Vakuumpumpe
MILCH

Tiere halfen bei der Arbeit

BAUERNARBEIT OHNE TRAKTOR

„Im Märzen der Bauer die Rösslein anspannt.
Er setzt seine Felder und Wiesen in Stand.
Er pflüget den Boden, er egget und sät,
und rührt seine Hände frühmorgens bis spät."

So beginnt ein altes Volkslied. Es stammt aus einer Zeit, als es noch keine Traktoren gab. Damals mussten die Menschen alles, was auf einem Bauernhof zu tun war, aus eigener Kraft erledigen – oder sie mussten Tiere für sich einspannen. Maulesel zogen Karren oder transportierten Getreidesäcke. Kühe oder Ochsen zogen einen Pflug oder eine Egge. Pferde waren für die schweren Arbeiten auf dem Acker noch besser geeignet. Sie waren wendiger, kraftvoller und nicht so störrisch wie etwa ein Esel. Sogar schwere Säcke, Holzbalken und andere Lasten konnten die Pferde mit einem Seil und einer Rolle heben. Bei dieser Arbeit auf einem Bauernhof wurden die Pferde einmal von dem englischen Erfinder James Watt (sprich „Dschääims Uott") beobachtet. Er wurde später weltberühmt, weil er eine besonders kräftige Dampfmaschine erfunden hat. James Watt also schaute den Pferden zu, wie sie Getreidesäcke an einem Seil auf einen Dachboden hoben. Watt bestimmte: Wenn ein Pferd einen Sack mit 75 Kilogramm Getreide in einer Sekunde einen Meter hoch heben kann, dann entspricht das einer „Pferdestärke", abgekürzt: 1 PS.

Der Göpel
Auf größeren Bauernhöfen trieben Pferde oder Ochsen Getreidemühlen oder Wasserpumpen an. Dafür haben sich die Bauern eine besondere Technik ausgedacht: den Göpel, manchmal auch „Rossmühle" genannt. Das Pferd – oder auch ein anderes kräftiges Tier – wurde an einem **Balken** angespannt. Es lief im Kreis, zog den Balken und setzte so das große **Zahnrad** in Bewegung. Über kleinere Zahnräder und eine lange Eisenstange, die **„Welle"**, wurde die Kraft des Pferdes zur Getreidemühle oder zur Wasserpumpe übertragen.

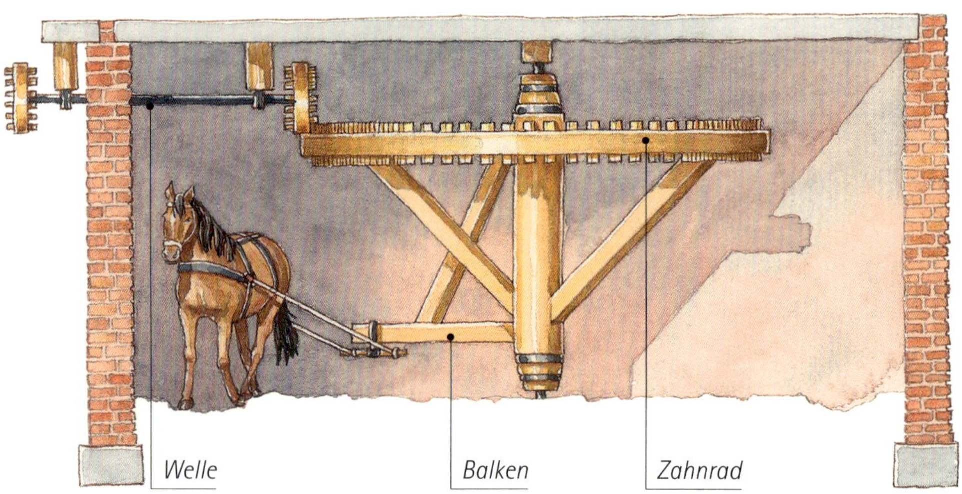

Den Pferden nahmen später Dampfmaschinen, Motoren und Trecker die Arbeit ab. Doch auch deren Kraft wurde in „Pferdestärken" gemessen. Dieses Wort ist längst durch „Watt" bzw. „Kilowatt" (kW) ersetzt. Aber noch heute sagen Landwirte und Treckerfreunde am liebsten voller Anerkennung: „Mein Traktor hat richtig viel PS!"

Hunde mussten „ewig" laufen
Auch Hunde mussten früher auf Bauernhöfen viel arbeiten. Sie dienten den Menschen als Hirtenhunde, sie bewachten den Hof – und sie zogen Hundekarren. Diese Karren waren natürlich viel kleiner als Pferdewagen oder Ochsenkarren. Aber Hunde waren stark genug, um einen kleinen Karren zu ziehen und darauf eine Milchkanne, Stroh oder frisch geschnittenes Gras zu transportieren.
Hunde halfen auch beim Butterstampfen. Dazu wurden sie in einem Gestell festgebunden. Auf einem hölzernen Laufband mussten sie dann „ewig" laufen. Das **Laufband** trieb eine **Walze** an. Sie hob und senkte den hölzernen **Stößel** im **Fass.** Schüttete eine Bäuerin oder ein Bauer Sahne in dieses Fass, so dauerte es nicht lange, und die Sahne war zu fester Butter gestampft.

Die Vorfahren

DAS FEST DER ALTEN

Im Sommer oder Herbst finden in vielen Städten und Dörfern Traktortreffen statt. Dann fahren die Eigentümer mit ihren uralten Traktoren vor.

Lanz Bulldog
Das ist einer der ältesten Traktoren aus Deutschland: der „Bulldog" von der Firma Heinrich Lanz in Mannheim. Er wurde seit 1921 gebaut. Seinen Namen bekam dieser Traktor, weil er einer Bulldogge ähnlich sieht. Er hat einen „Glühkopfmotor". Eine kleine Heizlampe muss die runde „Schnauze", eben den Glühkopf, erhitzen. Wenn er heiß genug ist, zündet der Motor und kann losdonnern. Der Motor treibt die beiden hinteren Räder mit einer Kette und Zahnrädern an, fast wie bei einem ganz gewöhnlichen Fahrrad.

fahren vor

Noch ein Bulldog
Das ist eines der vielen Nachfolgemodelle des Lanz Bulldog. Er erinnert nicht mehr an eine Bulldogge, sondern sieht schon wie ein „richtiger" Traktor aus.

Fordson
Aus Amerika, aus der berühmten Autofabrik Ford in Detroit, stammt der Fordson-Traktor. Er war der erste Traktor, der am Fließband zusammengeschraubt wurde.

IHC
Auch dieser Traktor wurde in Amerika erfunden, in einer Firma namens „International Harvester Company". Das heißt auf Deutsch: Internationale Erntemaschinen-Gesellschaft. Weil das viel zu lang war, sagte man kurz: IHC. Eine Zeit lang wurden die Traktoren auch unter dem Namen McCormick verkauft – und heute heißen sie Case-IHC.

Dieser Traktor wurde um 1953 im IHC-Werk in Neuss am Rhein gebaut. Er hat einen Dieselmotor mit vier Zylindern. Mit seinen 30 PS (22 kW) war er einer der kräftigsten Traktoren seiner Zeit. Bauern konnten mit ihm bis zu 26 km in der Stunde fahren. Das war für damalige Zeiten ein richtig flinker Traktor.

„Elfer Deutz"
„Deutz" heißt ein Stadtteil in Köln, „Deutz" heißt eine Fabrik in diesem Stadtteil. Und „Deutz" heißt auch der Traktor aus dieser Fabrik. Der berühmteste heißt „Elfer Deutz", weil er 11 PS (8 kW) hat. Er wurde erstmals 1936 gebaut und – nur ein wenig verändert – bis 1951 verkauft. Die ältesten Modelle kann jedes Kind mit einem Fahrrad überholen, denn der „Elfer Deutz" konnte anfangs nicht schneller als 8 km/h fahren. Selbst die „verbesserten" Modelle fuhren nicht schneller als 20 km/h. Aber auf Schnelligkeit kam es den Konstrukteuren und auch den Bauern nicht an. Sie schätzten am „Elfer Deutz", dass er klein war, sehr wendig – und günstig im Preis. Er hatte außerdem eine motorgetriebene Zapfwelle und einen Mähbalken. Das ist eine Leiste mit dreieckigen Messern. Der Motor des Traktors bewegt die Leiste und damit die Messer hin und her. Mit dem Mähbalken konnte jeder Bauer schnell und leicht Gras oder auch Getreide schneiden.

Porsche
Wie bitte? Einen echten Porsche als Traktor? Ja, auch das gab es einmal. Der berühmte Autohersteller Porsche hat sich diesen Traktor ausgedacht. Sein Markenzeichen ist die elegant nach vorn geschwungene Motorhaube. Aber auch das, was unter der Haube steckt, kann sich sehen lassen.
In der Traktorparade fährt ein „Porsche Junior" mit. Er wurde 1957 gebaut, hat einen 14 PS (etwa 10 kW) starken Motor mit einem Zylinder. Er hat acht Gänge: sechs zum Vorwärtsfahren, zwei zum Rückwärtsfahren. Der Porsche Junior kann schnellstens 20 km/h fahren. Andere Porsche-Traktoren haben bis zu vier Zylinder und 50 PS (37 kW).

Die alten Traktoren werden oft „Oldtimer" genannt. Das ist Englisch und wird „Ould-Taimer" ausgesprochen. Es bedeutet so viel wie: „Alt-Zeiter". Die Trecker stammen ja aus „alten Zeiten" – genauso wie die schmucken alten Autos oder Lastkraftwagen, zu denen man ebenfalls „Oldtimer" sagt.
Auf großen Oldtimertreffen sind manchmal mehr als 500 Traktoren zu sehen. Sie tragen Namen wie Normag oder Kramer, Eicher oder Bautz, Ritscher oder Sulzer – und viele, viele andere Namen.

Die meisten dieser Treckerfirmen gibt es nicht mehr. Sie haben irgendwann aufgehört, Trecker zu bauen – oder sie wurden von anderen Firmen gekauft.

Können wir mitfahren?

TRAKTORTIPPS FÜR KINDER

Viele Kinder möchten gerne einmal auf einem Traktor Platz nehmen, vielleicht sogar auch mitfahren. Aber wo geht das?

Bevor Ihr Pläne schmiedet, erzählt als erstes Euren Eltern von diesem Wunsch. Sie helfen Euch bestimmt weiter. Vielleicht könnt Ihr mit ihnen Urlaub auf einem **Bauernhof** machen. Oder wohnt in Eurer Nähe ein Bauer? Kennt Ihr ihn bereits? Dann fragt ihn einfach, ob er Euch einmal auf dem Traktor mitnehmen kann.

Das wird er gerne tun – allerdings nur, wenn es in seine Arbeit passt. Denn eines dürft Ihr nie vergessen: Ein Bauernhof ist kein Kinderspielplatz, der Traktor ist kein Spaßkarussell und die vielen Landmaschinen sind kein Spielzeug. Sie sind Arbeitsmaschinen und können ganz schön gefährlich werden, gerade auch für Kinder. Fragt also rechtzeitig den Bauern, die Bäuerin oder wer sonst auf dem Bauernhof arbeitet.

Nicht mitfahren, aber immerhin anschauen könnt Ihr Euch Traktoren bei den **Händlern**. Fragt Eure Eltern oder andere Erwachsene, die Ihr gut kennt, ob sie Euch dabei begleiten. Einen Besuch wert sind auch **Firmen,** die Traktoren herstellen. Einige dieser Firmen haben Ausstellungsräume oder sogar Technikmuseen eingerichtet. Drei möchten wir Euch hier nennen:

- Die Firma Claas in Harsewinkel (Kreis Gütersloh) unterhält einen sogenannten „Techno-Park". Dort erfahrt Ihr vieles über die Geschichte der Firma, aber Ihr könnt auch die Mähdrescher- und Traktorenmodelle kennenlernen (www.claas.com).
- Die Firma John Deere in Mannheim hat für kleine und große Besucher ein eigenes „John Deere Forum" eingerichtet. Dort kann man die neuesten Traktoren, aber auch Mähdrescher und Feldhäcksler bestaunen und besteigen. Außerdem gibt es einen Spielbauernhof für Kinder und vieles mehr (www.deere.com).
- Die Firma Fendt in Marktoberdorf im Allgäu hat ein kleines Museum und eine Ausstellungshalle eingerichtet. Dort könnt Ihr mit Euren Eltern das Werk besichtigen und mit ihnen auch auf Rundkursen im Traktor mitfahren (www.fendt.com).

Landtechnik aus alter und neuer Zeit wird auch in vielen Freizeitmuseen, in Heimat-, Kreis- oder **Landwirtschaftsmuseen** gezeigt. Zu den größten und sehenswerten zählen diese vier:

- Das Auto- und Technikmuseum in Sinsheim bei Speyer in Rheinland-Pfalz zeigt nicht nur Autos, sondern unter anderem auch eine der größten Sammlungen historischer Traktoren und Zugmaschinen (www.museum-sinsheim.de).
- Das Deutsche Landwirtschaftsmuseum Stuttgart-Hohenheim in Baden-Württemberg besitzt eine der größten Landtechnik- und Traktorensammlungen in Deutschland. Auf besonderen „Feldtagen" werden die Maschinen und Traktoren vorgeführt (www.dlm-hohenheim.de).

• Eines der größten Traktoren- und Landtechnikmuseen Deutschlands ist auf dem Pauenhof in Sonsbeck (Kreis Wesel, Nordrhein-Westfalen) eingerichtet. Dort stehen mehr als 340 Traktoren und 400 Landmaschinen, außerdem können Erwachsene mit Kindern in einem Park mit einigen Oldtimer-Traktoren selbst fahren (www.traktoren-museum-pauenhof.de).

• Rund um Schloss Blankenhain bei Crimmitschau in Sachsen liegt das Deutsche Landwirtschaftsmuseum, das Traktoren und Landtechnik aus 100 Jahren zeigt, außerdem können das Schloss und weitere 80 Bauernhöfe und Gebäude besichtigt werden (www.deutsches-landwirtschaftsmuseum.de).

In vielen Dörfern und auch in größeren Städten gibt es besondere **Oldtimervereine.** Sie nennen sich „Traktorfreunde", „Treckerclub" oder „Landmaschinenverein", andere tragen lustige Namen wie „Selbstzünder", „Ackerkralle" oder „Stobbelhopser". Diese Vereine kümmern sich um die älteren Traktoren. Im Sommer veranstalten sie Treffen, Ausstellungen und Rundfahrten.

Treffen in Hannover

„Agritechnica" – so heißt die größte Landtechnikschau der Welt. Sie findet alle zwei Jahre im November in Hannover statt und dauert jeweils fünf Tage. Zu sehen sind Traktoren aller Größen, Farben und Hersteller, außerdem viele andere landwirtschaftliche Geräte. Auf der Schau treffen sich Hersteller, Bauern, Lohnunternehmer und andere Traktorkenner aus aller Welt. Aber es können alle kommen, die sich für Landtechnik interessieren – auch Kinder mit ihren Eltern.

www.agritechnica.de

Wer hat dieses Buch geschrieben und gemalt?

„Papa, wie dreht der Bauer die großen runden Strohballen zusammen?" So haben meine Kinder gefragt, als wir an einem Stoppelfeld vorbeifuhren. Weil ich auf einem Bauernhof in Westfalen groß geworden bin, wusste ich ungefähr, wie's funktioniert. Aber ehrlich gesagt: Das Innenleben einer Rundballenpresse kannte ich selbst nicht ganz genau. Diese und andere Maschinen auf einem Bauernhof habe ich mir näher angeguckt, um herauszufinden, wie sie funktionieren. Dann habe ich die Maschinen allen Kindern beschrieben, die die Kinderseite im „Wochenblatt für Landwirtschaft und Landleben" lesen. Denn dort arbeite ich als Redakteur.

Gisbert Strotdrees

Auf einem Bauernhof in Westfalen bin ich mit sechs Geschwistern groß geworden. Mit ihnen und den vielen Tieren gab es immer etwas zu erleben. Als Kind fand ich es besonders spannend, wenn eine Kuh ein süßes kleines Kälbchen zur Welt brachte. Heute bin ich „Illustratorin". Das heißt: Ich male Bilder – zum Beispiel für dieses Buch. Als ich gefragt wurde, ob ich Maschinen vom Bauernhof für ein Kinderbuch zeichnen möchte, war ich gleich begeistert. Mir kam es darauf an, die Maschinen so zu zeichnen, dass Kinder verstehen, wie sie funktionieren. Meine Tochter und mein Sohn haben mir geholfen, die Landmaschinen mit Kinderaugen zu sehen.

Gabi Cavelius